전통은 아무리 더러운 전통이라도 좋다 나는 광화문
네거리에서 시구문 진창을 연상하고 寅煥네
처갓집 옆의 지금은 매립한 개울에서 아낙네들이
양잿물 솥에 불을 지피며 빨래하던 시절을 생각하고
이 우울한 시대를 파라다이스처럼 생각한다
버드 비숍 여사를 안 뒤부터는 썩어빠진 대한민국이
괴롭지 않다 오히려 황송하다 역사는 아무리
더러운 역사라도 좋다
진창은 아무리 더러운 진창이라도 좋다
나에게 놋주발보다도 더 쨍쨍 울리는 추억이
있는 한 인간은 영원하고 사랑도 그렇다

김수영(1921~1968), 「거대한 뿌리」 중에서

『**오마주아 총서**』는 이 땅에 태어나 큰 뜻과 행동으로 올곧은 삶을 살았거나, 남다른 재능으로 탁월한 성취를 이룬 인물, 또는 격동의
시대를 도도한 신념으로 치열하게 헤쳐온 분들의 생애와 업적을 한 권의 책으로 정리함으로써 그분들의 삶에 경의를 표하고, 이를 통
해 다시금 오늘의 우리를 돌아보는 계기를 만들기 위해 기획되었습니다.

'**오마주아**'는 프랑스어의 "hommage à"에서 빌어온 말로 "~에게 경의를"이란 뜻으로 사용했습니다.

오마주아 총서 006

1894년 | 갑오 농민 전쟁 최고 지도자, 전봉준

초판 1쇄 펴낸날 2003년 6월 5일
지은이 우 윤
펴낸곳 도서출판 하늘아래
등록번호 제2002-5호
주소 경기도 이천시 장호원읍 풍계2리 782-3(우편번호 467-902)
전화 02-545-9340(편집부), 02-545-9341(영업부)
팩스 02-545-9344
북디자인 · 제작 designbe 02-780-4307

ⓒ 우 윤, 2003
ISBN 89-89897-11-4 04990
ISBN 89-89897-00-9 (세트)

오마주아 총서 006 ㅣ **1894년** ㅣ 갑오 농민 전쟁 최고 지도자, **전봉준**

하 늘 아 래

일러두기

1. 맞춤법과 띄어쓰기는 〈한글 맞춤법〉에 따랐다. 단, 외국어의 표기는 현지 발음을 존중하여 예외를 두었다.
2. 뜻이 모호한 한자나 외국어는 원어를 병기했다.
3. 부호나 기호의 용례 : 작품 · 논문 「　」, 일반 도서 『　』, 신문 · 잡지 · 회사 · 단체 〈　〉, 대화 · 인용 "　", 강조 '　'

19세기 조선은 "곧 허물어질 집이요, 중병에 걸린 환자다."

황토재 기념관의 전봉준 동상

전 봉 준 은   역 적 인 가 , 위 대 한   지 도 자 인 가 ?

새야새야 파랑새야
녹두밭에 앉지마라
녹두꽃이 떨어지면
청포장수 울고간다

언제부턴가 우리의 입과 귀를 통해 불려지고 전해진 이 노래의 주인공인 녹두장
군 전봉준. 시들어 가는 나라와 희망 잃은 농민들에게 밝은 미래를 약속하고자 일어
났다가 끝내 교수형으로 생을 마감한 전봉준. 그에게 바쳐지는 최고의 찬사가 되어
버린 이 노래 앞에 서면 가슴 끓어오르는 환희의 감동보다는 애잔한 느낌이 드는 것
은 무슨 까닭일까.

오늘에 와서야 위대한 지도자 상으로 다시 태어나고 있는 전봉준. 그러나 한 때
그는 위험한 인물이었고 그의 이야기를 입에 올리는 것조차 주변의 눈을 의식해야
했던 우리의 지난 역사. 언제부터 우리의 역사는 그렇게 뒤틀린 상황을 만들어냈고,
자랑스런 인물을 역적이라는 죄명으로 형장의 이슬로 사라지게 했던가.

수 백만 민중의 염원을 한 몸에 받아 밀려오는 외세를 한 손으로 막고, 무능하고
부패한 정권의 뿌리를 한 손에 움켜쥔 채 조국의 강토에 우뚝 서서 포효했던 거인이
었지만, 삭풍처럼 휘몰아치는 매서운 역풍에 밀려 마지막 언덕을 훌쩍 뛰어넘지 못
하고 쓰러져야 했던 가슴 아픈 역사를 담고 있는 "새야 새야 파랑새야…"

전주역사박물관 소장

전봉준에 대한 염원과 기대를 그렇게 흘려보낸 이 땅의 민중들은 어느 사이 자신들의 입에서 입으로, 귀에서 귀로 전해지는 이 노래를 사랑하게 되었고, 이 노래는 세월과 함께 이리 뒤척이고 저리 뒤척이는 동안 더욱 애달프고 구슬픈 가락이 되어 한 시대의 역사를 증언하고 한 인물을 반추하면서 우리 곁에 맴돌기를 백여 년. 그러나 이마저도 전봉준이 형장의 이슬로 사라졌듯이 우리의 기억 저편으로 차츰 잊혀져 가고 있다.

'동도서기(東道西器)'라는 타개책

나는 전봉준이 떨쳐 일어나야 했던 그 때의 현실과, 일본군의 꼭두각시가 되어 자국의 백성들을 대살륙의 현장으로 내몬 그 때의 정권과, 수탈과 무사안일에 빠져 있던 그 때의 관리들을 떠올릴 때마다 두 가지 상반된 상념이 교차하는 것을 막을 수 없다. 전봉준을 비롯한 농투성이들이 어떻게 그런 거대한 힘을 폭발시킬 수 있었을까 하는 놀라운 생각과 더불어 그렇게 엄청난 힘이 폭발되었음에도 조선은 여전히 꺼져 가는 소국의 신세를 면치 못하다가 끝내 식민지가 되고 말았는가 하는 우울한 생각이 그것이다.

20세기의 거대한 변화를 예감하고 일어났을 전국적인 대규모 봉기의 주인공들을 국민으로 가졌던 정부가 어떻게 힘없이 무너질 수 있단 말인가. 도저히 이해할 수 없는 역사의 수수께끼 앞에서 "새야 새야 파랑새야…"는 뭔가 실마리를 제공하고 있는 듯한데, 혹시 그 때 조선의 관리들은 일본군의 힘을 빌어 전봉준을 제거했다는 안도감과 함께 다시 수탈과 무사안일에 빠질 수 있다는 행복감에 젖어들어 나라의 안위는 뒷전으로 제쳐두지는 않았을까.

　　그렇지 않아도 개항 바람에 서양의 온갖 문물이 흘러 들어와 정신을 못 차릴 판인데 농민들마저 들고일어나 나라가 온통 뒤죽박죽이 되었다고 개탄했을 관리들의 입장으로서는 충분히 그랬을 수 있다. 이들은 난생 처음 접하는 서구 문명의 엄청난 충격마저도 "설마 500여 년이나 지속되어 온 종묘사직이 하루아침에 무너지랴? 저 쪽의 선진 문물만 선택적으로 받아들인다면 별 일이 있으랴?"라는 안이한 생각에서 입으로는 동도서기(東道西器)를 외쳤건만 실제로는 현실에 안주하는 쪽으로 대응했던 것이 사실이었다.

　　갑신 정변을 주도했던 일부 관리들이 급진적인 서구화인 문명개화(文明開化)를 외친 적은 있었으나, 이들이 제거된 뒤로는 과격한 현상 타파론은 조정 안에서 자취를 감추어 버리지 않았던가. 따라서 서구 충격에 대해 내세울 만한 뾰족한 대책이 없는 한 서구 세력과 적당히 타협을 하면서 그럭저럭 현 체제를 유지하는 것이야말로 이들에게 가장 현실적이고 매력적인 대안이 될 수밖에 없었다. 더군다나 불완전한 개혁으로 야기되는 농민들의 불만쯤은 그들을 비도(匪徒)로 몰아 진압해줄 막강한 외세가 있다는 것은 조정의 관리들에게 여간 든든한 게 아니었다.

마침내 19세기를 마무리하고 20세기를 눈앞에 두었건만 조정의 대소 관리들에게 전환기의 긴장감이라곤 털끝만치도 보이지 않았다. 타성에 젖고 자신의 이해 관계에 빠른 그들에게 긴장은 오히려 거추장스러운 것이었다. 이럴 때일수록 이단(異端)을 물리치고 정학(正學:유학)을 높이면서 수기(修己)를 강조하는 것이 치국(治國)의 요체라고 내세워 온 그들이었지만, 이미 개항 이후로는 척사위정(斥邪衛正)의 서슬 푸른 기세는 재야 유생에게 빼앗기고 난 뒤라 서구 문명에 핏대를 올리는 것도 싱거운 일이었다.

그렇다고 반봉건적 개혁에 열을 올려 재야 유생들과 대립할 수도 없는 노릇이었다. 두 세력은 여전히 체제의 수혜자로서 전통적 이해 관계가 일치하기 때문이었다. 그렇다고 또 농민들과 손잡고 개혁을 추진할 수는 더욱 없었다. 온갖 조세 부담을 떠넘기거나, 왜양(倭洋)을 금수(禽獸)처럼 여기라는 이데올로기마저도 별다른 해명 없이 내팽개치고 단발령까지 단행하여 민심이 극도로 이반된 상태에서 "농민들이여, 다시 우리를 따르라!"고 외치는 것은 지극히 낯간지러운 처사이고, 돌아선 민심을 수습하기에는 이미 농민들과 좁힐 수 없는 경제적 · 사회적 이해 관계가 분명했다.

조정의 관리들은 이렇게 갈라진 갈등 구조 속에서 '동도서기'라는 절묘한 타개책으로서 자신들의 돌파구를 마련한 만큼 세기적 긴장감은 체제 유지에 방해만 된다고 여겼음에 틀림없다.

자연히 근본적인 개혁은 뒷전이 될 수밖에 없었고, 서구 열강에 둘러싸인 가운데 대충대충 수선하고 적당히 유지하는 쪽으로 가닥이 잡힐 수밖에 없었다. 이들은 이

전주역사박물관 소장

것이야말로 조선의 미래를 보장할 현실 정치라고 자찬하면서 한편으로 자신과 가족들의 안전을 지킬 수 있는 적절한 방안이라고 안도했을 것이다.

이러한 그들에게 20세기가 열릴 무렵 조선에 불어닥친 바람은 여름철 한 때 불청객으로 찾아왔다가 훌쩍 떠나버리는 태풍쯤으로 여겼을지 모른다. 태풍이 지나가면 언제 그랬냐는 듯 태양이 작열하는 구름 한 점 없는 하늘처럼 다시 좋은 시절이 도래하여 만세를 구가할 수 있을 것이라는 대차대조표가 서 있는 그들에게 뭔가 대대적으로 고쳐 보겠다는 것은 부질없는 헛수고가 아니고 무엇이었으랴.

삼 정 의 폐 단 을 바 로 잡 기 위 해 상 소 문 을 받 다

조정 관리들의 타성에 젖은 적당주의는 어제오늘의 일이 아니었다. 철종이 왕으로 있던 1862년으로 한번 되돌아 가보자. 이 해에는 전국적으로 농민 봉기가 불붙듯 일어나 새로운 사회가 다가오고 있음을 예고했는데, 조정은 당황한 가운데 이 봉기가 삼정(三政), 즉 전정(田政)·군정(軍政)·환곡(還穀)의 문란 때문에 일어난 것으로 판단했다. 이에 철종은 삼정의 폐단을 바로 잡을 대책들을 책임 있는 관리들에게는 물론 전국 유생들에게 지어 올리라는 특별 지시를 내렸다.

이렇게 해서 조정에 들어온 상소문을 '응지 삼정소(應旨三政疏)'라 하고 거기에 밝혀진 각종의 대책들을 '삼정이정책(三政釐整策)', 혹은 '삼정 구폐책(三政捄弊策)'이라 한다. 수많은 구폐책들이 나왔지만 이는 크게 두 가지로 압축된다. 하나는 예전 것을 그대로 따르자는 '잉구지론(仍舊之論)'이었고, 다른 하나는 폐단이 심한 것은 개선하자는 '이혁자론(釐革之論)'이었다.

그러나 이 두 논의의 핵심은 다름 아닌 부정한 관리들과 아전들을 적발하고, 과도하게 책정된 농가의 세금을 탕감해 주거나 폐단이 심한 제도를 고치고 운영을 바로 잡으면 모든 것이 해결된다는 것이었다. 현실을 무시한 안일한 발상에 지나지 않았다.

그러나 그때 농민들은 나라의 제도와 질서에 대한 근본적인 개혁을 요구하는 데까지 나아가 있었고, 그 핵심은 토지 문제를 바로 잡는 데 있었다. 삼정의 폐단을 바로 잡거나 세금을 탕감하는 것은 당장 급하기는 하나 부차적인 관심사일 뿐이었다. 조정으로 올라온 응지 삼정소는 이러한 핵심을 비켜나간 것들이었고, 왕 이하 조정의 대신들이 요란하게 떠들면서 뭔가 대단한 개혁안을 마련하겠다는 처음 분위기는 예상대로 시간이 지남에 따라 흐지부지되고 말았다.

그런데 모든 응지 삼정소가 모두 핵심을 비켜간 것만은 아니었다. 농민들의 요구를 정확하게 반영한 삼정소도 발견되었으니 그나마 다행이라면 다행이었다. 그 때 문장은 드높았으나 그 뜻을 제대로 펼치지 못했던 강위 ^(姜瑋:1820~1884) 김택영(金澤榮)·황현(黃玹)과 함께 구

한말(舊韓末) 3대 문장으로 불렸던 그는 강화조약이 체결될 때 실무진으로 활동하는 등 조선말기의 학자이자 개화 사상가로 일본과 청나라를 왕래하면서 나라의 근대

^{화에 앞장섰다.}란 인물이 작성한 응지 삼정소는 다른 소와는 달랐다. 강위는 당대에 추금(秋琴) 또는 고환당(古歡堂)이란 호로 널리 알려진 인물이었다. 조정에 대신으로 있던 친구의 권유를 받아 억지로 작성하긴 했으나 그때 조정의 행태를 누구보다도 꿰뚫고 있던 그는 자신의 글을 불구덩이에 집어던지고 참담한 마음으로 방랑 길에 올라야 했다.

그러나 뒷날 강위는 자신의 글이 불구덩이에 들어가기 전 옆에 사람이 자신도 모르는 사이에 베껴 놓은 것을 알고 쓴웃음을 지을 수밖에 없었는데, 어쨌든 그 덕분에 목청 높여 부르짖던 강위의 카랑카랑한 목소리를 지금도 들을 수 있는 듯하여 여간 다행이 아니다.

"조선 사회는 곧 허물어질 집이요, 중병에 걸린 환자다."

그렇다면 강위는 그때 조선 사회를 어떻게 보았을까. 그는 조선 사회를 곧 허물어질 집과 중병에 걸린 환자에 비유하고 비상한 대책이 아니면 구할 수 없다는 진단을 내렸다. 강위는 대규모의 농민 봉기가 일어난 원인으로서 중앙 정치력의 부재와 방만한 경비 사용, 지방 행정의 마비, 이로 인해 농촌 경제가 파탄에 빠진 것이라고 지적

하면서, 군주에게 강력한 통치력을 회복하여 대대적인 정치 개혁을 단행하고 근본적인 토지 개혁을 추진하라고 주문했다.

강위의 주문을 좀더 부연하면 이렇다. 첫째, 귀천을 가리지 않고 모두 군적(軍籍)에 올리고 현재의 인구수를 파악하여 연말에 죽은 사람과 태어난 사람의 숫자를 가감하여 한 명도 빠지지 않는 군제(軍制)개편안을 마련하는 것이었다. 권력 있는 자, 돈 많은 자, 권모술수에 능한 자들은 모두 군적에서 빠지고 힘없는 백성들만 군적에 올라 있어 군사력이 바닥 상태였던 그때의 현실로는 나라를 유지할 수 없다는 자신의 진단에 근거한 것이었지만 오늘날의 국민 개병제와 다르지 않다.

둘째, 나라의 경지를 파악하여 공정하게 배분하여 수확의 10분의 1만 토지세로 거두자는 이른바 정전법(井田法)에 기초한 전면적 토지 개혁안이었다. 이는 대지주들에게 편중되어 있는 토지 소유를 재분배하는 것이 전제인 만큼 근본적으로 사회를 개편하자는 주장이었다.

마지막 방안은 군주의 절제(節制)를 회복하는 데 있었다. 군주의 절제는 조직과 제도를 관장하는 적절한 통치력을 의미하는데, 그 동안 조선의 정치는 몇몇 집안의 손아귀에서 놀아났고 군주는 임금이라기보다는 세도가의 눈치를 보는 상징적 존재에 지나지 않았었다. 이래서야 사회의 기강은 물론이고 어떠한 개혁도 불가능하다고 보고 세도 정치를 혁파하고, 군주의 강력한 통치력 회복에 희망을 건 것이다. 만약 이러한 개혁을 외면한다면 조선은 언제 무슨 일이 일어나 불행하게 될지 모른다고 경고했다. 그러나 강위는 이러한 개혁안이 조정 대신들에게는 한낱 웃음거리밖에 안 된다는 것을 알고 포기해야 했으니 조선의 불행은 오래 전부터 싹트고 있었던 것일까.

　이런 상황은 갑오 농민 전쟁이 한바탕 휩쓸고 지나간 뒤에도 크게 변하지는 않았다. 임술년 농민 항쟁이 일어난 해로부터 40여 년을 훌쩍 뛰어넘은 1903년으로 한번 가보자.

물 위 에 떠 있 는 고 철 덩 어 리 , 양 무 호

관리들의 느슨한 '행진'은 1903년, 조선 최초의 근대적 군함이라 할 수 있는 양무호(揚武號)의 도입에 이르면 가히 압권이라 할 만한데, 기가 막히다 못해 참담한 심경에 빠질 지경이다,

　1903년 4월 16일, 일본 해군의 손에 운행되어 인천항에 입항한 양무호. 3,432톤에 1,750마력으로서 최대 13.5노트를 내고 먼 바다에까지 항해할 수 있는 대형 선박이었던 양무호가 시커먼 연기를 하늘로 내뿜으며 인천항에 들어오는 위용은 대단했다. 전장 105미터, 폭 12.5미터에다 8센티미터 포 2문을 좌우에 각각 장착하고 또 5센티미터 기관포 1문을 역시 좌우에 각각 장착하여 거침없이 인천항에 들어오는 거함의 모습은 누가 보아도 조선의 '자주 국방'을 책임질 것으로 보였다.

그 무렵 병인양요와 신미양요를 통하여 서양 전함의 위력을 목도한 조선은 근대적 전함이 필요하다는 것을 절감했으나 우리 손으로 근대적 전함을 만든다는 것은 꿈도 꾸지 못하던 시절이었다. 게다가 호시탐탐 약소국의 숨통을 노리던 서구 제국주의 국가들이 쉽게 전함을 내놓을 리도 만무한 사정. 이런저런 사정으로 생각은 굴뚝같았으나 수십 년 동안 전함을 갖지 못했던 조선으로서 양무호의 인수는 대단한 의미를 갖는 것이었다.

양무라는 함명도 그런 의미에서 고종이 특별히 애착을 갖고 지은 이름이었다. 말하자면 요즈음의 '군비 증강'과 통하는 뜻인데, 그러나 이 선박은 이름과는 달리 지극히 낡은 불량 선박이었다. 원래 1888년 2월, 영국에서 화물선으로 건조된 이 선박은 1894년 일본 미쓰이(三井)물산이 25만 엔에 구입하여 석탄 운반선으로 사용하고 있었다. 그런데 자주 고장을 일으켜 수리비가 많이 들 뿐만 아니라 하루 석탄 소모량도 엄청나(45톤/일) 유지하는 데 너무 많은 비용이 들었기 때문에 미쓰이 물산으로서는 골치 덩어리였고 어리숭한 구매자가 나타나면 팔아넘길 생각이었다. 그 때 미쓰이 물산은 눈독을 들일 상대가 가까운 곳에 있음을 깨달았다.

한편 조선의 조정에서는 고종 황제 즉위 40주년을 맞아 얼마나 멋진 기념식 행사를 준비할까 고민 중이었다. 이 때 외국 사절이 보는 앞에서 우리의 군함이 축포를 쏘면 기념식도 훌륭할 뿐 아니라 우리의 국방력을 과시할 수 있어 일거양득이 아니냐는 의견이 나왔다. 고종은 외국 사절 앞에 자신의 위엄을 세우고 조선의 자주 국방을 과시할 수 있다면 이보다 괜찮은 선택은 없어 보였다. 고종은 흔쾌히 승낙했고, 도입할 군함을 알아보도록 했다.

양무호(맨위)의 도입에 대한 명확한 기록은 보이
지 않으나, 이는 미쓰이 물산과 조선 주재 일본 공
사관, 그리고 매수된 조선의 관리라는 삼각 구도를
전제하지 않고서는 불가능한 군함 도입 로비 사건
이 아닐 수 없다. 위는 1904년에 도입한 광제호.

양무호의 도입에 대한 명확한 기록은 보이지 않으나, 이는 미쓰이 물산과 조선 주재 일본 공사관, 그리고 매수된 조선의 관리라는 삼각 구도를 전제하지 않고서는 불가능한 군함 도입 로비 사건이 아닐 수 없다. 근대적 함선에 대한 지식이 전무한 상태에서 거래 상담이 급진전되어 1903년 1월, 계약을 체결했고, 계약 금액은 일화 55만 엔이었다.

9년 전에 25만 엔이었던 배가 55만 엔으로 둔갑한 것은 함포와 기관포를 장착한 가격을 감안한다고 하더라도 도저히 이해할 수 없는 가격이었다. 게다가 양무호에 장착한 함포와 기관포도 사실은 청일 전쟁 이후 폐기 처분된 일본 군함에서 뜯어낸 고철 덩어리에 지나지 않는 것이었다. 그 뒤 양무호는 러일 전쟁 때 일본 해군의 선박으로 전용되다가 다시 화물선으로 개조되어 1916년, 동지나해에서 영원히 자취를 감추고 말았다.

황제 즉위 40주년 기념 축하 잔치를 위하여 즉흥적으로 도입된 양무호. 황제의 권위를 높이고 군함 보유라는 숙원 사업을 해결한다는 명분은 그럴 듯 했다. 그러나 근대적 군함에 승선할 수 있는 단 한 명의 해군 병사도 없이 즉흥적으로 구입 결정을 내린 고종의 안목은 그렇다 치더라도, 일본의 로비를 받아 구입 의견을 제시한 관리, 그리고 이러한 결정이 어처구니없다는 것을 뻔히 알고서도 입 다물고만 관리들의 행태는 그 무렵 조선 정부의 현실 대응 능력이 어떤 수준이었는가를 보여주는 대표적인 사례이다.

천 둥 소 리 인 가   농 민 들 의   함 성 인 가

온 나라에 창칼이 번쩍이고 포연이 하늘을 가리고 흐르는 핏물이 강을 이룬 1894년, 갑오 농민 전쟁을 치른 뒤에도 여전히 조선의 관리들은 아무 일도 없었다는 듯 뭉기적거리고 있었음을 양무호 도입의 씁쓰레한 기억 속에서 우리는 확인할 수 있다. 조정의 위아래가 그렇게 돌아갔으니 개혁은 구두선에 지나지 않았다. 구한말 역사에서 갑오개혁과 광무개혁 따위를 정부 주도의 의욕적인 개혁 사업으로 보기도 하나 이는 의사만 표시했을 뿐 지속적인 실행과는 거리가 먼 것들이었다.

한여름 불타는 오후의 거리처럼 모든 것이 정지한 듯한 조정의 분위기. 바람도 시간도 멈춘 채 뭔가 해 보려는 의지마저 삼켜버리는 적막강산…. 이것이 그 때 조선의 조정 풍경이었다. 수백 년 계속된 관행의 고리를 하루아침에 끊어 버리기에는 고종도, 그 어떤 조정 대신들도 불가항력이었을까. 아니면 외세의 압도적인 힘에 눌려 모두 얼이 빠진 때문일까. 이해할 수 없는 상황 속에서 고종과 그의 측근들은 가끔 엉뚱하고 기발한 아이디어들을 내놓았지만 이 모두 양무호 도입과 같은 답답하고 짜증나는 촌극에 지나지 않았다.

강위 같은 뜻 있는 지식인들이 좌절하고, 조정 대신들의 어처구니없는 유희가 계속되는 동안 사회는 알게 모르게 점차 조각조각 부서져 나가고 있었다. 조선이라는 한 울타리 안에 있으되 서로 등을 돌리거나 손을 잡을 수 없는 사람들…. 강위의 진단대로 비상한 사람이 나타나 비상한 대책을 세우지 않으면 갈라진 틈은 한없이 벌어지고 수많은 생명들이 도탄에서 헤어나지 못할 것 같았다.

그러나 그때 농민들은 나라의 제도와 질서에 대한 근본적인 개혁을 요구하는
데까지 나아가 있었고, 그 핵심은 토지 문제를 바로 잡는 데 있었다. 삼정의 폐단
을 바로 잡거나 세금을 탕감하는 것은 당장 급하기는 하나 부차적인 관심사일
뿐이었다. 위 사진은 1900년대 초의 전주 장날.

그런데 언제부턴가 이 갈라진 틈을 비집고 알 수 없는 소리가 들리는 듯 했다. 먼 산에서 불어오는 바람소리인 듯 혹은 뭔가를 재촉하는 북소리인 듯 때론 격렬하게 때론 낮게…. 시간이 흐를수록 그 소리는 사람들의 귀에 분명히 들리기 시작했다. 전봉준의 귀에도 이 소리는 어김없이 들렸고, 마침내 1894년, 죽창과 횃불의 '대제전'이 펼쳐지자 사람들은 그 소리가 바로 세상을 뒤바꾸려는 천둥소리, 아니 농민들의 함성이었음을 깨달았다.

궁핍한 선비에서 변혁적 지식인으로 변모하다

천안 전씨 세보 병술보

1894년, 죽창과 횃불의 대제전 한 가운데서 농민군을 호령했던 전봉준. 끝내 그는 대제전의 타오르는 불꽃 속에 40여 년 동안 살아온 한 인간의 역사를 던지고 말았다. 그렇다면 그는 어디에서 태어나 갑오 농민 전쟁에 이르기까지 어떻게 살았던 것일가?

최근에 알려진 「천안 전씨 세보 병술보(天安全氏世譜丙戌譜)」(1886년 간행)란 전씨 집안의 족보에 따르면, 전봉준은 아버지 전기창(全基昶) 전창혁(全彰赫)이란 이름으로 더 많이 알려져 있다과 어머니 언양 김씨 사이에서 1855년에 태어났다. 전창혁이 한때 흥덕 소요산 암자에 기거하면서 공부를 하고 있을 때 소요산 만장봉(萬丈峰)이 목구멍으로 들어오는 꿈을 꾼 적이 있었고, 그 뒤 전봉준을 얻었다 한다. 그래서 그런지 키는 비록 5척에 불과했지만 담력은 산같이 컸고, 눈은 샛별같이 빛났으며, 목소리는 옥구슬처럼 낭랑했고, 힘도 보통 사람보다 훨씬 셌다고 한다. 이런 이야기는 어디까지가 진실인지는 알 수 없으나 전봉준을 직접 만났던 촌로들의 이야기에 따르면 그의 눈이 크고 부리부리하여 범접하기 어려운 기상이 있었다 하니 그리 틀린 말은 아닌 것 같다.

그가 태어난 곳은 고창현 덕정면 당촌(지금의 행정 구역으로는 고창읍 죽림리 당촌 63번지)으로 가닥이 잡혀가고 있다. 그런데 얼마 전까지만 해도 그는 고부 조소 마을(지금은 정읍시 이평면 장내리)에서 태어난 것으로 잘못 알려져 있었다. 워낙 고부군수 조병갑과의 인연이 깊어서인지, 아니면 고부 민란 때부터 그의 이야기가

최근에 알려진「천안 전씨 세보 병술보(天安金氏世譜丙戌譜)」(1886년 간행)란 전씨 집안의 족보에 따르면, 전봉준은 아버지 전기창(全基昶)과 어머니 언양 김씨 사이에서 1855년에 태어났다.

고부 주민들의 머리 속에 깊은 인상을 남겨서인지 그가 체포되어 신문을 받을 때 자신의 거처를 태인 산외면 동곡이라 밝혔어도 여전히 사람들은 전봉준을 고부 조소 마을 사람으로 믿고 있었다. 조소 마을에 복원된 옛집도 한 때 '생가'라는 팻말을 붙여 방문객들을 맞았으니 고부 조소 마을 출생설은 정설로 굳어지는 듯했다.

그러다가 출생지에 대한 논의가 불붙은 것은 갑오 농민 전쟁 백주년을 눈앞에 둔 시점이었다. 백주년이 다가옴에 따라 세인들의 관심이 갑오 농민 전쟁과 전봉준에게 다시 집중되자 그렇지 않아도 이설에 시달리던 출생지 문제가 수면 위로 떠올랐던 것이다. 본격적인 답사팀이 꾸려졌고, 출생지로 거론되었던 곳들을 확인하는 작업에 들어갔다. 결국 마을 촌로들의 이야기를 종합하고 관련 자료들을 참고한 결과 당촌으로 의견이 모아졌고, 태어난 집은 마을 뒤쪽 밭 가운데(처음에는 당촌 56번지인줄 알았으나 1997년 정밀 조사한 결과 63번지로 밝혀짐)쯤으로 추정하였다. 이렇게 하여 전봉준의 출생지가 고부에서 고창으로 다시 바뀌게 되었는데, 이때가 1993년이었다.

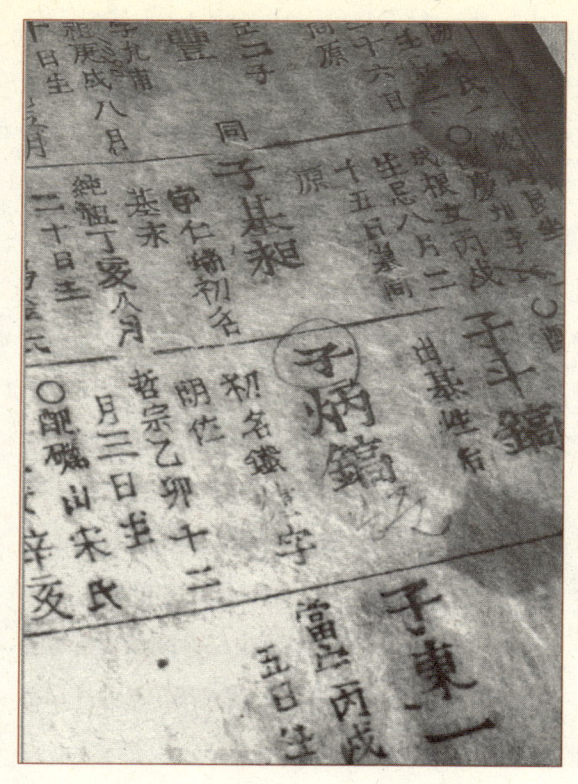

그 동안 전봉준 집안의 내력은 베일에 가려져 있었다. 전봉준 집안이 사림세가(士林世家)라거나 향리 집안이라거나, 또는 그의 출생지가 이 런저런 곳이라는 다양한 주장들이 쏟아져 나왔다. 늦은 감이 있지만, 병술보를 통해 그런 견해와 주장들을 제대로 정리할 수 있게 되었다.

병 술 보 가 밝 혀 주 는 전 씨 집 안 의 비 밀 들

그런데 위의 족보(이하 병술보로 줄임)를 찬찬히 뜯어보면 과연 당촌에서 태어났을
까 하는 의문이 든다. 우선 병술보는 갑오 농민 전쟁 직전에 간행된 족보로서 전쟁
이 터지자 전봉준과 같은 집안인 천안 전씨에게 가해지는 수색과 탄압을 피하려고
불태워버려져 거의 남아있지 않았다. 이 때 고창 당촌에 살고 있던 전성태의 부친
(전장수)이 그래도 자신들의 뿌리인 족보를 불태울 수는 없다고 하여 은밀히 간직
하고 있다가 전성태에 의해 처음으로 세상에 알려지게 된 것이다.

　병술보에는 전봉준이 전병호(全炳鎬)로 적혀 있는데, 관련 내용을 옮기면
이렇다.

　전봉준의 초명은 철로(鐵爐)이고 자(字)는 명좌(明佐)이며 1855년 12월 3일에 태
어났다. 그의 부인은 여산 송씨 두옥(斗玉)의 딸로서 1851년 8월 16일에 태어나
1877년 4월 24일에 죽었다. 부인의 묘는 태인 산내면 소금동의 할머니 묘 아래에 있
다. 그 후 전봉준은 두 번째 부인을 맞이하였는데 남평 이씨 문기(文琦)의 딸이다.

　이 병술보에 적힌 대로라면 전봉준은 네 살 많은 여산 송씨 집안의 여자와 결혼하
여 스물 세 살에 부인과 사별하였다. 부인이 여산 송씨라는 것은 전봉준이 체포되어
신문을 받을 때 그의 비서로 활약했던 송희옥과의 관계를 '처가 쪽으로 7촌이 된
다'고 밝힌 점으로 보아 분명한 것 같고, 전봉준이 스물 세 살에 부인과 사별했다는

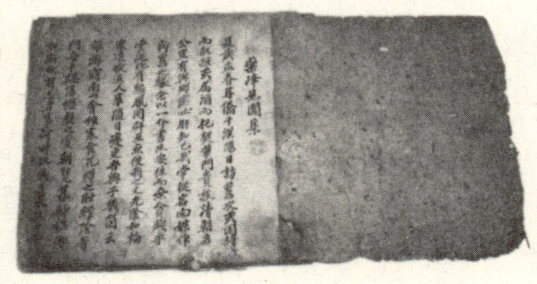

부인이 여산 송씨라는 것은 전봉준이 체포되어 신문을 받을 때 그의 비서로 활약했던 송희옥과의 관계를 '처가 쪽으로 7촌이 된다'고 밝힌 점으로 보아 분명한 것 같다. 위는 송희옥의 일기다.

것도 '부인이 오랜 병고 끝에 일찍 죽었다' 는 지역 촌로들의 증언과 일치한다. 두 번째 부인도 키쿠지(菊池謙讓)라는 일본인이 1939년에 쓴 「근대 조선사」(하)에 "전봉준은 지난번 초토사 홍계훈과 화약을 맺어 전주에서 퇴각하여 태인 동곡으로 돌아왔는데, 이곳에는 후처 이소사(李召史)가 오랫동안 규방을 지키며 전처의 자식과 뒤에 얻은 명의 어린 아들을 양육하고 있었다."고 밝혔듯이 이씨인 것이 확인된다. 그리고 뒤에 밝히겠지만 전봉준의 어머니 집안, 곧 외가가 언양 김씨라는 것도 원평의 언양 김씨 집안에서 들려주는 증언과 일치한다. 다만 전봉준의 공초 기록(심문 기록)에

문: 너의 이름이나 호는 하나 둘이 아닐텐데 몇인가.
공: 전봉준 하나 뿐이다.
문: 전명숙(明淑)은 누구의 이름인가.
공: 나의 자(字)이다.
문: 전녹두(錄豆)는 누구인가.
공: 세상 사람들이 가리키는 이름이지 내가 지은 이름이 아니다.

라고 하여 족보에 적힌 자와 스스로 밝힌 '명숙' 이라는 자가 다르다. 이런 점을 빼고는 병술보는 신뢰할 만하다.

이 병술보에는 전봉준 윗대의 장지(葬地)를 적고 있는데, 이에 따라 거주한 곳을 추론할 수 있다, 엄격히 말해서 묻힌 곳과 사는 곳이 일치하지는 않을 것이다. 명당

자리라면 거리를 불문하고 장지로 삼았던 시대였던 만큼 양자 사이의 관련성은 희박하다. 그러나 모든 사람들이 그런 명당 터를 찾을 수 있었던 것은 아니고, 또 집안이 차츰 기울어지고 있는 무렵이라면 사는 곳 부근을 선택하는 것이 현실적이었을 것이다.

이런 점을 인정한다면 전봉준의 고조부 상규의 묘지가 순창에, 증조부 도신의 묘지는 임실 강진면에, 조부 석풍(碩豐: 1790~1857년)의 묘지가 고부에 있었으므로, 이들은 각각 순창, 임실, 고부에 살았던 것으로 추정할 수 있다. 그리고 아버지 전창혁의 묘지는 미상이지만 그의 동생과 4촌, 6촌 형제들은 모두 고창 덕정면에 묻힌 것으로 보아 어느 시점(아마도 조부 석풍이 죽은 1857년 직후)부터 이들 종형제들은 일제히 고창 덕정면 쪽으로 이주한 것으로 판단된다. 그렇다면 전봉준은 고창으로 이주하기 전인 1855년에 태어났으니까 그의 출생지를 고부 쪽으로 잡는 것이 더욱 타당하다.

그렇다면 전봉준이 태어난 마을은 어디일까. 우선 병술보에 적힌 그의 조부 석풍의 기록을 보자.

자는 윤보(允甫)이고 정조 경술년(1790년) 8월 10일 출생하였고 철종 정사년(1857년) 5월 16일 졸하였다. 향년 68년이며 묘지는 고부 남부면 진장문하(鎭長門下) 차복리(次福里) 전(前)에 있다. 방향은 갑묘용간(甲卯龍艮) 좌(坐) 유(酉) 파지(破地)이다.

전봉준의 조부가 고부군 남부면 진장 문 아래 차복리 앞에 묻힌 것으로 보아 전봉준의 가족은 진장과 차복리 부근(사발통문을 모의한 고부면 신중리 주산 마을로 들어가는 입석리의 진선 마을을 비롯한 부근 마을에 해당)에 살았다는 결론이 자연스럽게 나온다. 전봉준은 조부가 돌아가실 때까지 이 마을에서 태어나 유년기를 보냈을 것이다.

진장과 차복리는 고부관아에서 그리 멀지 않은 곳이다. 이런 곳에 살았다는 것은 혹시 전봉준의 집안이 고부 관아나 향교와 관련 있는 일을 하지 않았을까 생각이 드는데 확인할 자료는 없다. 다만 뒷날 전봉준의 아버지 전창혁이 고부 향교의 장의(掌議)를 지냈다는 기록(장봉선의 「전봉준 실기」, 『정읍군지』)이 있어 추론할 따름이다.

그런데 이러한 기록에 대해 향교의 장의는 세거 토호나 차지할 수 있는 직책이라고 하여 아무런 연고도 없이 고부 땅에 흘러 들어온 전창혁이 맡을 수 없었을 것으로 보는 반대 견해가 있었다. 그러나 병술보에 적힌 내용을 따르면 전봉준의 10대조 오상(五常)은 원종 3등 공신으로서 선무랑이라는 종6품직에 오르고 조산만호(造山萬戶)를 지냈으며, 그의 아들 성(誠)은 통덕랑이라는 정5품직에, 전봉준의 고조부 상규 또한 통덕랑에 오를 정도로 그의 집안은 양반 가문에 속했다. 다만 전봉준의 증조부 도신 대부터 벼슬길이 막히고 경제적으로 몰락을 거듭했던 것으로 보인다.

그러다 전봉준의 조부 석풍 때 고부 남부면에 정착하게 되었고, 이곳에서 생을 마치게 되었다. 그렇다면 전창혁의 윗대부터 고부에서 살았고, 그가 잠깐 고향을 떠나 고창 등지로 옮겨 살다가 다시 자신이 살던 고부로 돌아왔으니, 전창혁으로서는 고

당촌 마을(위)은 전봉준이 태어난 곳은 아니라 하더라도 자신의 유소년기를 보내며 친구들과 사귀고 꿈을 키웠던 곳으로 전봉준의 생애에서 빠트릴 수 없는 곳임에는 틀림없다.

부가 낯선 타향이 아니었다. 이런 집안의 내력을 갖는 전창혁이라면 고부 향교의 장의를 맡지 못할 이유가 없었을 것이다.

그 동안 전봉준 집안의 내력은 베일에 가려져 있었다. 전봉준 집안이 사림세가(士林世家)라거나 향리 집안이라거나, 또는 그의 출생지가 이런저런 곳이라는 다양한 주장들이 쏟아져 나왔다. 사실 그런 견해와 주장들은 나름대로 근거를 갖고 있었지만 결국 추론과 심증에 지나지 않았다. 늦은 감이 있지만, 병술보를 통해 그런 견해와 주장들을 제대로 정리할 수 있게 되어 참으로 다행스럽다.

아무튼 전봉준 집안은 조부가 돌아가자 어떤 이유에서인지 전창혁의 종형제들이 고부를 떠나 고창 덕정면으로 이주하였는데, 이 때 전창혁 또한 아장아장 걷던 전봉준을 데리고 고창 덕정면 당촌으로 거처를 옮겼다.

따라서 전봉준이 유년기일 때 고부를 떠나 당촌으로 옮겨 살았기에, 유소년기의 흔적들은 고부 보다 당연히 고창 당촌에 더 많이 남아있을 수밖에 없다. 마을 촌로들의 증언도 고창 쪽이 훨씬 풍부하고 생생하다. 결국 두서너 살 때부터 살았던 고창 당촌이 고향과 출생지로 여겨졌을 것이고, 전봉준도 이를 굳이 부정하지 않고 자연스럽게 받아들였던 것 같다. 이런 사실은 전봉준과 함께 농민 전쟁에 참가했던 오지영이 「동학사」를 쓰면서 '전봉준 선생은 본래 전라도 고창현 덕정면 당촌 태생으로 세대(世代) 사림가(士林家) 사람이다' 이라고 한 것만 보아도 알 수 있다. 이런 과정을 통해 전봉준이 당촌에서 태어난 것으로 되고 고창 사람으로 인식되었으리라는 것은 쉽게 예상된다. 그런 만큼 당촌은 전봉준이 태어난 곳은 아니라 하더라도 자신의 유소년기를 보내며 친구들과 사귀고 꿈을 키웠던 곳으로 전봉준의 생애에서 빠트릴 수 없는 곳임에는 틀림없다.

그런데 전봉준의 조모 인동 장씨(1797~1876년)가 태인 산내면 소금곡(小金谷)에 묻히고, 첫 번째 부인 여산 송씨(1851~1877년)가 역시 태인 산내면 소금동(巢禽洞)에 묻힌 것으로 보아 그의 첫 번째 부인과 사별했을 무렵에는 이미 당촌을 떠나 태인에 살았던 것으로 보인다.

지금부터 그의 집안만큼이나 옮겨 산 경력이 다채로운 전봉준이 유소년기를 보낸 당촌에서부터 그의 흔적을 더듬어 가보자.

유 소 년 시 절 을 보 낸 당 촌 마 을

고창읍에서 서북쪽으로 십리 거리에 있는 당촌은 여느 농촌 마을과 다름없이 나지막한 산을 배경으로 앞에는 구불구불한 내가 흐르고 넓은 농토가 펼쳐져 있는 한적한 마을에 지나지 않는다. 농민 전쟁 전까지 천안 전씨들이 수십 호나 살던 마을이었으나 농민 전쟁 직후 관련자를 색출한다고 마을이 쑥대밭이 된 후 살아남은 전씨들도 뿔뿔이 떠나자 더욱 그랬다. 당촌은 한동안 사람들의 기억 속에서 잊혀진 마을이었다. 그러다 전봉준이 어린 시절을 보낸 집터가 생가 터로 추정되면서 당촌에 새

바람이 불기 시작했다. 이렇게 하여 당촌은 백여 년이란 긴 잠에서 깨어나 다시 주목받는 역사의 마을로 바뀌어갔다.

마을 어귀에 들어서면 운치 있게 가지를 늘어뜨리고 있는 노송 몇 그루가 눈에 띈다. 그 노송 건너편 언덕에 전봉준의 아버지 전창혁이 동네 아이들에게 글을 가르쳤던 서당이 있었다고 하고, 길 따라 마을로 들어서면 농기구 보관 창고가 시선을 가로막는데 그 뒤쪽이 바로 집터이다. 마을 사람들의 말에 따르면 전봉준은 이곳에서 열 살 무렵까지 살면서 명절 때면 건너편 김씨들이 많이 사는 부자 동네인 '대산몰이' 마을의 아이들과 보름씩 패싸움을 벌였다고 한다. 이 때 전봉준은 늘 앞장서서 싸웠다고 하는데, 당촌에는 이런 유소년 시절의 이야기가 가장 풍부하게 전해지고 있다.

그런데 전봉준 가족이 떠난 뒤 이 집(1894년까지 그대로 유지되기는 힘들었을 테지만)에 수난이 닥친 것은 30여 년이나 지난 갑오 농민 전쟁 때였다. 농민 전쟁이 끝난 뒤 관군들이 들어와 관련자의 집들을 불태우고 대대적인 보복을 감행했으니 그 통에 이 집 또한 어찌 무사할 수 있었으랴. 잿더미만 남은 집터는 언제부턴가 밭으로 변했고, 누군가 그곳이 농민군의 최고 지도자 녹두장군 전봉준이 살았던 곳임을 애써 밝히지 않는 한 그저 그런 밭으로 여겼을 것이다.

그러나 이 밭이 백 수십 년의 역사를 거슬러 올라가 위대한 한 인물이 유소년기를 보낸 집으로 문득 변하자 사람들은 여기저기에서 찾아오기 시작했고, 고창군에서도 그냥 둘 수 없다는 역사적 사명감이 발동되었는지 옛집 복원 계획을 세우기에 이르렀다. 지금은 이미 부근 부지를 매입하여 옛 집을 복원한 상태이다. 그러나 초가

삼칸 정도였을 옛 집이 중농 이상의 규모로 복원되어 찾는 사람들의 눈살을 찌푸리게 하고 있다. 사정이 이렇게 되자 고창군은 잘못을 인정하고 치밀한 고증을 통해 제대로 된 옛 집을 세우겠다는 약속을 다시 하였다(물론 고창군은 아직도 그 집터를 생가 터로 알고 있다). 한 번의 실수를 교훈 삼아 부디 겉보기 위주가 아닌, 전봉준과 하나가 되는 진정한 추모의 공간이 탄생하여 역사 유적 복원 사업의 이정표가 세워지길 간절히 바란다.

떠 돌 이 생 활 과 기 이 한 인 연 들

전봉준이 형장의 이슬로 사라진 뒤 백여 년이 지난 뒤에야 옛 집터가 확인된 데에는, 우리가 무심한 탓도 있겠으나, 그의 삶이 일반 농민들과 다르지 않았다는 데에 더 큰 이유가 있다.

전봉준의 집안은 앞에서 본대로 원래 사림 세가(士林世家)였으나 그 뒤로 이렇다 할 벼슬길에 오르지 못하여 가세가 기울기 시작했다. 이는 조선 말기 소수의 벌열(閥閱) 가문에 권력이 집중되면서 신분 사회가 이완되고 농촌 사회가 무너지고 있을 무렵 벼슬길에 오르지 못한 집안의 일반적 모습이었다.

가세가 기울어짐에 따라 전봉준 집안은 순창, 임실, 고부 등지로 이주해 살았고, 전봉준이 어릴 적 고창 당촌으로 다시 옮겨가 살았지만 이곳 당촌에서도 유소년 시절만 보냈을 뿐, 또다시 낯선 땅을 떠돌며 살아야 했다. 어느 해는 산골 마을로, 또 어느 해는 큰 시장이 있는 마을로 옮겨다녔을 전봉준의 가족들. 어린 전봉준의 눈에는 이곳 저곳의 풍물이 신기하기도 했으나, 정이 들만 하면 또다시 거처를 옮겨야 하는 가족의 처지가 왠지 모르게 서글펐을 것이다.

당촌을 떠나 처음 간 곳이 사람의 왕래가 많고 물산이 풍부한 전주 땅이었다고 하는데, 그가 고부 조소 마을에 정착할 때까지의 그의 행적은 단편적으로만 전해지고 있다.

전주에서 다음으로 거처를 옮긴 곳이 전주 이남에서 꽤 큰 시장이 열려 제법 번성했던 금구현 원평. 원평의 황새 마을(지금은 정읍시 감곡면 계룡리 관봉 마을 172번지)에 살 때 전봉준은 이 마을에서 서북쪽으로 3킬로미터쯤 떨어진 종정 마을에 있는 서당에 다녔다고 한다. 종정 마을은 서해로 흘러 들어가는 원평천을 따라 생긴 강 마을이었다. 그곳에서 서해까지는 10킬로미터 남짓. 전봉준은 이 마을을 배경으로 자신의 심경을 시로 달랬을 법도 한데, 그래서 그가 열 세 살 때에 지었다는 백구시(白鷗詩)가 바로 이 무렵 지어진 것이 아닐까 추정된다.

스스로 모래밭에 뜻을 얻어 노니니
흰 날개 가는 다리 홀로 맑은 가을을 즐기도다.
쓸쓸한 찬 비 내릴 때 꿈속에 잠기고

당촌을 떠나 처음 간 곳이 사람의 왕래가 많고 물산이 풍부한 전주 땅이었다고 하는데, 그가 고부 조소 마을에 정착할 때까지의 그의 행적은 단편적으로만 전해지고 있다. 고부면 조소 마을에 있는 복원된 전봉준의 옛집.

때때로 고기잡이 돌아가면 언덕에 오르네.
허다한 수석은 낯설지 아니하고
얼마나 많은 풍상을 겪었는지 머리 희었도다.
마시고 쪼는 것이 비록 번거로우나 분수를 아노니
강호의 고기 떼들아 너무 근심치 말지어다.

自在沙鄉 得意遊

雪翔瘦脚 獨淸秋

蕭蕭寒雨 來時夢

往往漁人 去後邱

許多水石 非生面

閱幾風霜 已白頭

飮啄雖煩 無過分

江湖漁族 莫深愁

    그런데 원평에는 김덕명(金德明: 1845~1895)이라는 인물이 살고 있었다. 뒷날 농민 전쟁 1차 기병에서 총참모라는 중요한 역할을 맡았고, 전봉준과 함께 재판을 받고 마지막 순간까지 같이한 인물인데, 그는 황새 마을에서 그리 멀지 않은 거야 마을에 살고 있었다. 김덕명의 씨족인 언양 김씨들은 원평에서는 알아주는 집안이 었다. 그런데 바로 이 김덕명의 언양 김씨 집안은 전봉준의 외가였다. 그뿐만 아니라 김덕명의 손자(김병일)는 전봉준이 김덕명 집에서 잠깐 더부살이까지 했다고 들려준다. 그런 관계였으니 두 집안은 자주 왕래하였을 것이고, 전봉준 가족이 원평으로 내려온 것도 이 점과 무관하지 않았을 것이다.

전봉준과 원평, 그리고 김덕명. 지연과 혈연으로 묶여지는 이들 관계는 뒷날 원평 집회, 원평 전투로 이어지는 배경이 되고, 농민 전쟁을 끌어가는 중요한 하나의 축으로 나타난다.

전봉준이 황새 마을을 떠난 것은 열 여덟 살 무렵. 어떤 사정 때문인지는 알 수 없으나 태인 산외면 동곡리 지금실로 갔다는 설이 가장 유력하다. 지금실은 지금도 찾아가기가 힘든 산골 마을인데 이곳에서 만난 인물이 김개남(金開南: 1853~1894)이다. 김개남은 이곳에서 태어나 뒷날 농민군 3대 두령의 한 사람으로서 집강소 통치기에 남원 일대를 다스렸던 걸출한 인물이다. 비슷한 또래의 두 젊은이가 무슨 말을 주고받았는지 알 길은 없으나 혼탁한 세상을 개탄하며 곧바로 의기투합했으리라는 것은 미루어 짐작할 수 있다. 이 또한 농민 전쟁 과정에서 놓칠 수 없는 부분이다.

고 부 땅 으 로 다 시 내 려 온 전 봉 준

그 다음 전봉준의 행적은 평야 지대인 고부에서 발견된다. 고부 궁동면 양간다리(陽橋里: 지금은 정읍시 이평면 양교리)에 잠깐 살다가 이웃 마을인 조소(鳥巢) 마을로 옮겨 살았다는 것이다. 원래는 담안 마을이라고 불렀다는 조소 마을은 새집처럼 오목하게 들어앉았다고 해서 붙여진 이름이었다. 여기에 온 것이 서른 살을 갓 넘겼을 때. 자신의 출생지를 찾아온 것일까. 최근에 발견된 자료에 따르면 1886년 무렵에 이미 조소 마을에 들어온 것으로 확인된다. 1879년, 고부 궁동면 석지리에서 태어나 스스로 석남 처사(石南處士)로 자처하면서 살다가 그곳에서 일생을 마친 박문규라는 농촌 지식인이 남긴 「석남역사」가 바로 그 때의 행적을 전해주고 있다. 박문규가 조소 마을에서 천자문을 가르치던 전봉준을 찾아간 때가 그의 나이 여덟 살 되던 해인 1886년 3월 3일. 그 부분을 옮기면 이렇다.

"여덟 살에 이르니 3월 3일 좋은 날에 잔등 너머 조소리로 천자(문-인용자) 들고 나의 부친 따라 입학 간다. 고모댁 이웃집이라 동학대장 전녹두 선생님 전에 인사하고, 하늘 천 따 지 검을 현 누루 황 전 선생님 가르쳐 준다. 서당 아들 서넛 동무 재미 붙여 배워간다. 선생님의 노 부친이 대신 서서 감독한다. 천자 떼고 추구(推句) 배웠다."

이 기록대로라면 적어도 전봉준은 1886년 이전에 조소마을에 들어와 서당을 열

고 아이들을 가르쳤다고 보아야 한다. 전봉준의 공초 기록(신문 기록)에

문: 생업으로 삼는 것은 무엇인가?
공: 선비(가르치는 것)로서 생업을 삼고 있다.

문: 너는 태인에서 살았는데 어찌하여 고부에서 일어났느냐?
공: 태인에서 살다가 고부로 이사한 지 여러 해가 되었다.

고 밝혔을 때 고부에 들어온 정확한 연도가 빠져 있었는데 박문규의 기록으로 이 부분이 좀더 명확해진 것이다. 이때 전봉준의 생활은 스스로 밝힌 대로 농사짓는 것과는 거리가 멀었고, 다만 전봉준이 아이들에게 천자문이나 가르치는 훈장 생활에만 머물러 있지 않았다는 것은 앞의 키쿠지(菊池謙讓)가 쓴 책 속의 다음과 같은 증언을 통해 확인할 수 있다.

"전봉준은 몸이 작지만 얼굴이 희고 눈빛은 형형하여 사람을 쏘는 듯하다. 평소 집에 머물 때는 동네의 소년들을 모아 동몽선습(童蒙先習)을 읽어 주거나 천자문을 가르쳐 주었다. 동네의 어른들이 찾아오면 고현(古賢)들의 사적을 들어 얘기할 뿐 세간사에 대해서는 말하지 않았다. 사람들이 찾아오지 않을 때면 종일토록 묵묵히 앉았다 드러누웠다 하였으며, 부모를 봉양함에 있어서 그 효성이 지극했다. 집안은 가난하였으나 농사를 지을 줄은 몰랐다. 때때로 먼 곳에서 손님이 내방(來訪)하면

며칠씩 묵어가는 일이 있었으나 동네 사람들과는 별로 어울리지 않았다. 다만 동네에 경조사(慶弔事)가 있으면 그는 먼저 찾아가 축하를 드리기도 하고 조문하기도 했다. 마을 사람들은 모두 그가 심상치 않은 인물임을 알고 마음 속 깊이 그를 존경했다. 어느 해 전봉준은 오랫동안 병석에 누워 있었던 처가 사망하자 그와의 사별을 애석하게 여겨 묘를 황토현 남쪽에 정하고 장례를 지냈다. 그는 당시 나라 풍속에는 그렇지 않았지만 자식의 손을 잡고 여러 번 묘를 찾아 묵도를 올리는 모습이 발견되었다고 한다. 그는 난이 일어나자 미련 없이 떨쳐 일어나 난당의 지휘를 맡았다. 촌로들이 말하기를 그가 고부 민란으로 나아가기 수 일 전 찾아든 3~5명의 손님이 있었는데 모두 낯선 사람들이었다. 뒤에 알고 보니 그들 객인은 모두가 동학당의 요인이었다고 한다."

또 다른 증언을 들어보면 집 부근 시장 거리에 한약방을 차려 한의사로 살아가던 전봉준의 모습도 보인다.

"전봉준은 자기 집이 있는 조소리(鳥巢里)에서 한 오 리 떨어진 두지리에서 한때 의료에 종사하고 있었다 한다. 조소리는 배들(梨坪)평야의 일각에 있는 꼭 새집같이 오목하게 구석진 곳에 있고 두지리는 시장이 있는 곳으로 네 갈래 대로가 교차하는 길목인 것이다. 이곳에다 방을 얻고 단(壇)을 마련하고 주머니를 천정에 걸어 놓고 주문을 외우며 시약하여 병을 고쳐주고 있었다 한다."

전봉준이 지금실을 떠나 고부로 내려온 것은 생활의 방편을 찾기 위한 것으로 판단된다. 서당을 열고 한약방을 개업하려면 산골보다야 고부 쪽이 훨씬 유리했을 것이다. 그밖에도 그는 풍수도 보고, 사람들의 길흉사에 날을 잡아주고 편지도 대필해주면서 살았다는 것이다. 그러나 전봉준이 고부를 택한 데는 그런 이유만 있는 것 같지는 않다. 먼 곳에서 손님이 찾아와 며칠씩 묵어가거나 고부민란이 일어나기 전 몇 사람이 찾아온 것으로 보아 전봉준에게는 마을 사람들이 모르는 은밀한 활동이 있었다. 그러려면 시장 거리에서 한약방을 개업하는 것이 적격이었을 터이다. 원래 이런 곳이란 세상 사람들의 입 소문이 다 몰리는 장소가 아닌가. 따라서 전봉준은 한약방에 있으면서도 누구보다도 바깥 사정에 빠를 수 있었고, 또한 한약방은 동지들이 오가면서 슬쩍 들를 수 있는 공간이 되기도 하였을 것이다.

마을 사람들이 눈치채지 못한 은밀한 활동을 했던 전봉준. 이런 일화도 전해진다. 그가 나들이하면서 어느 집에 들 적에는 주로 밤을 이용하였고, 댓돌 위로 내놓은 산가지(算가지: 주역 점을 칠 때 사용했던 50개의 가는 대나무 가지)수대로만 밥을 짓게 했다고 한다. 일행의 수를 숨기기 위함이었다. 그밖에도 전봉준은 김봉집, 김봉균, 전명숙 등으로 이름을 바꾸어 자신의 정체를 숨기곤 했는데, 이 때문에 묻혀진 행적들이 적지 않다. 따라서 전봉준이 태인 지금실에서 고부 땅으로 내려온 것은 바로 이런 일과 깊은 관련이 있었을 것이다.

그밖에도 김개남, 송희옥과 함께 '구미성인출(龜尾聖人出: 구미에서 성인이 나온 다)' 이라는 참위설에 따라 전주 구미리(龜尾里: 지금의 완주군 봉동읍)에 산 적도 있다고 한다. 이 무렵은 아무래도 동곡에서 김개남을 만나고 처가를 통해 송희옥을 안 뒤였을 것이다.

어쨌든 전봉준이 고부에서 태어나 고창 당촌에서 유소년기를 보내고 고부 조소 마을에 정착할 때까지 여러 곳을 떠돌아다니면서 생활한 것은 분명하다. 고부에서 태어나 고창 당촌에서 유소년기를 보내고 고부 조소마을에 정착할 때까지 그의 행적을 온전히 복원할 수는 없지만 더러 몇 군데는 확인된다. 우선 이렇게 그가 옮겨 산 이유는 집안의 경제적 사정이었다. 가난 때문에 궁여지책으로 고향을 떠나야 했던 전봉준. 그것은 평범한 보통 사람이라면 그냥 주저앉았을 불행이었다. 그러나 그런 생활 속에서 전봉준이 훌쩍 성장할 수 있었고, 밑바닥 농민들의 삶을 뼈저리게 느끼고 더 나은 세계를 만들어야겠다는 각오를 다지게 되었다면 그것은 새로운 역사의 시작이며, 미래의 동지들과 만나 농민 전쟁의 기초를 닦아나가는 위대한 반전 이었다.

여기에 대해 「동학사」를 쓴 오지영은 이렇게 말했다.

"선생은 일찍이 시서백가어(詩書百家語)를 아니 본 것이 없이 많이 보아왔으나 마음에 항상 만족치 못하여 불우지지(不遇之志)를 품고 사방으로 두루 돌아다니다가 무자(戊子: 1888-인용자)년 간에 손화중 선생을 만나 도에 참여하여 세상일을 한번 하여 보고자 하여 북으로 경성(京城)을 향하여 정국의 추향을 엿보았고, 또 외세를 살펴본 바가 있었다. (중략)선생은 항상 불평한 마음이 많아 사람을 사귀어도 신사상(新思想)을 가지고 개혁심이 있는 자를 추수(追隨)하였었다. 호남으로는 손화중, 김덕명, 최경선, 김개남 등과 상종이 많았고, 호서로는 서장옥, 황하일 등과 교분이 두터웠었다."

오지영은 전봉준을 모시고 같이 활동한 인물이었다. 그의 관찰이 틀리지 않는다면 고통스런 생활 속에서도 변혁적 지식인으로 변모해 가는 전봉준을 자연스럽게 발견할 수 있다.

지방 행정의 부패와 맞서 싸운 아버지 전창혁

그런 전봉준에게 빼어 놓을 수 없는 한 인물이 있었다. 그의 아버지 전창혁이다. 전창혁의 일생에 대해 알려진 것은 거의 없다. 그러나 그는 자신의 죽음을 통해 아들 전봉준에게 뭔가를 가르친 것은 분명하다.

월북 작가인 박태원의 소설 『갑오 농민 전쟁』에 그려지고 있는 전창혁의 최후는 비장하다 못해 감동적이다. 고부군수 조병갑의 가렴주구가 심해지자 김도삼, 정일서 등이 전봉준과 함께 장두가 되어 조병갑과 맞서려고 할 때 전창혁은 이를 가로막으며 죽을지도 모를 장두를 자청하고 나선다.

"내 젊었을 때 뜻을 세우기를 사내 대장부로 태어난 이상에는 나라를 위해 백성을 위해 아니 남을 위해서 여러 사람을 위해서 무엇이고 뜻 있는 일, 값있는 일을 하고 죽자 했소. 그러나 오직 마음뿐이었지 필경은 아무 일도 한 것이 없이 헛되이 나이만 먹어 이제는 죽을 날이 머지 않게 되었소… 이번에 여러분이 하시는 일은 곧 수만 명 고부 백성들의 생사가 달려 있는 일이요. 허기야 청원쯤 들어가지고 곧 일이 성취되리라고는 결코 생각지 않소. 불피코 고부 백성들은 모두 떨쳐 일어나 목숨 내걸고 싸워야 할 것이요. 그렇다면 이번 청원을 내는 일은 싸움의 첫 걸음을 내디디는 것에 불과하다고 보아야 하지 않겠소?… 내 아이는 앞으로 할 일이 따로 있을 것이요. 청원 드는 일은 이 늙은 사람도 할 수 있는 일, 늙은 사람도 할 수 있는 일은 늙은 사람이 합시다 그려."

아들을 대신하여 죽음을 받고 전봉준에게 더 큰 역할을 할 수 있는 기회를 열어주려는 전창혁의 사려 깊은 배려를 느낄 수 있는 대목이다.

송기숙의 소설 『녹두장군』에 묘사된 전창혁도 이와 크게 다르지 않다. 오히려 좀 더 다부진 인물로 그려지고 있는데, 조병갑의 탐학에 고부 군민들이 고통을 받자 전창혁은 누구보다도 먼저 홀로 장두가 되어 조병갑과 맞서 싸우고 있다. 물론 이러한 묘사는 소설적 상상력의 발로이겠지만 전혀 황당한 이야기는 아니다. 촌로들의 이야기에 따르면 전창혁은 그만큼 고부에서 활동했던 것이 분명하고, 그가 죽은 것은 조병갑의 가렴주구에 맞섰기 때문이었다. 이러한 죽음을 그의 외아들인 전봉준은 어떻게 받아들였을까.

1936년에 간행된 『정읍군지』의 「전봉준실기」를 보면 전창혁의 죽음을 밝힐 수 있는 내용이 실려있다.

"(조병갑이) 모상을 당하여 사직분상(辭職奔喪)하였으므로 추세를 좋아하는 궁유이속들이 부의(賻儀)를 주장하고 금 2천냥(현 사백원)을 분배하여 향교 장의(掌議) 김성천과 전 장의 전승록(전창혁과 동일인-인용자)에게 거두어들일 방법을 의뢰하였더니 성천이 이를 흠용(欠用)하고 말하기를 '병갑은 본군 재직 중에 선치가 없었으며 기생의 죽음에 무슨 부의냐' 하는 대언을 토했다. 조병갑이 모친상으로 퇴관은 하였으나 고부는 지역이 광활하고 백성이 부요하여 재물 착취에 만족함을 항상 생각던 중 겸하여 이 말을 듣고 독을 품은 나머지 재임을 운동하여 다시 부임하였다. 그러나 김성천은 기사(旣死)하였으므로 전승록만 잡아와 곤장을 난타하여 내보냄에 귀래 후 일개월 안에 장독(杖毒)으로 죽었으니 봉준의 철천지한이야 어찌 다 말하랴. 그는 무슨 생각이 있든지 병서를 보기 시작하였다."

다음 오지영의 「동학사」에도 비슷한 내용이 보인다.

"고부 16면 수백 동리에 있는 수만 명의 인구들은 일시에 일어났다. 그 백성 중에
장두로 나선 사람은 전창혁, 김도삼, 정일서 등 세 사람이며, 세 사람 중에는 전창혁
이 수장두가 되었다. 고부 백성들은 이 여러 가지 원통한 사정을 들어 본군수 조병
갑에게 등소를 하였다. 군수 조병갑이는 이를 난민이라고 하여 장두 세 사람은 곧
때려 가두고 전라감영에 보장을 올려 장두 세 사람은 감영에 이수하게 되고 여러 백
성들은 두들겨 몰아냈다. 이때 전라감사 김문현은 장두들이 많은 백성들을 충동시
켜 난을 일으킨 것이라 하여 엄형으로써 장두들을 징벌한 후 다시 영을 내려 고부
본옥에 이수하고 엄형납고하라 하였으므로 장두 세 사람은 모두 고부군에 내려와
중장(重杖)을 맞고 옥중에 체수하였는 바 수장두 전창혁은 마침내 옥중에서 장폐되
고 말았다."

어느 쪽 기록이 진실을 담고 있는지 알 수 없으나 한 가지 공통점이 있다. 전창혁
이 조병갑의 탐학과 관련하여 죽었다는 사실이다. 대대로 살아온 땅도 아닌 고부에
서 향촌민의 대표가 되었다는 것은 고부에서 전창혁의 생활을 짐작케 한다. 그리고
이 때문에 군수 조병갑의 분노를 사게 되고 끝내 옥에 갇히고 매질 아래 죽었다는
것은 아들 전봉준에게는 물론이고 고부 군민에게도 강렬한 인상을 남겼을 것이다.
고부 조소마을 부근에 가면 아직도 "산 사람 열이 죽은 승록(창혁)을 못 당한다"는
말을 들을 수 있는 것은 바로 그러한 전창혁의 삶과 죽음 때문이 아니겠는가.

전주역사박물관 소장

전창혁이 적법한 절차를 밟아 지방 행정의 부패를 바로 잡고자 했으나 돌아온 것은 아버지의 죽음이라는 현실 앞에 전봉준의 심경은 어떠했을까. 그 때의 전봉준의 비통하고 실망스런 심경을 잘 드러내는 일화가 있다. 일찍이 지사(地師)를 불러 장지를 고르는데 "만약 크게 일어날 자리가 아니면 폭삭 망해서 자손이 없을 자리를 원한다."고 말하자 지사가 이상하게 여기고 그 연유를 물으니, 봉준은 탄식하며 말하기를 "오랫동안 남 밑에 살면서 구차히 목숨을 이어가기보다는 차라리 멸족하는 것이 흔쾌하지 않겠는가." 했다고 한다. '차라리 멸족하는 것이 흔쾌하다' 는 그의 말은 현실에 대한 희망을 포기했다는 자조적인 표현이면서, 동시에 공멸하기 전에 뭔가 돌파구를 찾아야 한다는 강력한 의지를 드러내는 반어적 표현일 것이다. 그렇다면 이 무렵엔 벌써 '뭔가 큰 계획' 이 전봉준의 마음속에 싹트고 있었던 것일까.

뭔가 극적인 것에 더 끌리는 생활. 그리고 그럴 수밖에 없는 긴장되고 힘든 생활. 이런 전봉준에게 사회 변혁이라는 숙제가 비켜 지나갔다면 오히려 이상하지 않을까. 그러나 그것은 전봉준만의 고민이 아닌 그때 조선 사회에 살고 있는 바닥 농민이라면 누구나 품고 있을 법한 일반적인 모습이라는 점에서 조선 사회의 심각성은 깊어만 갔다.

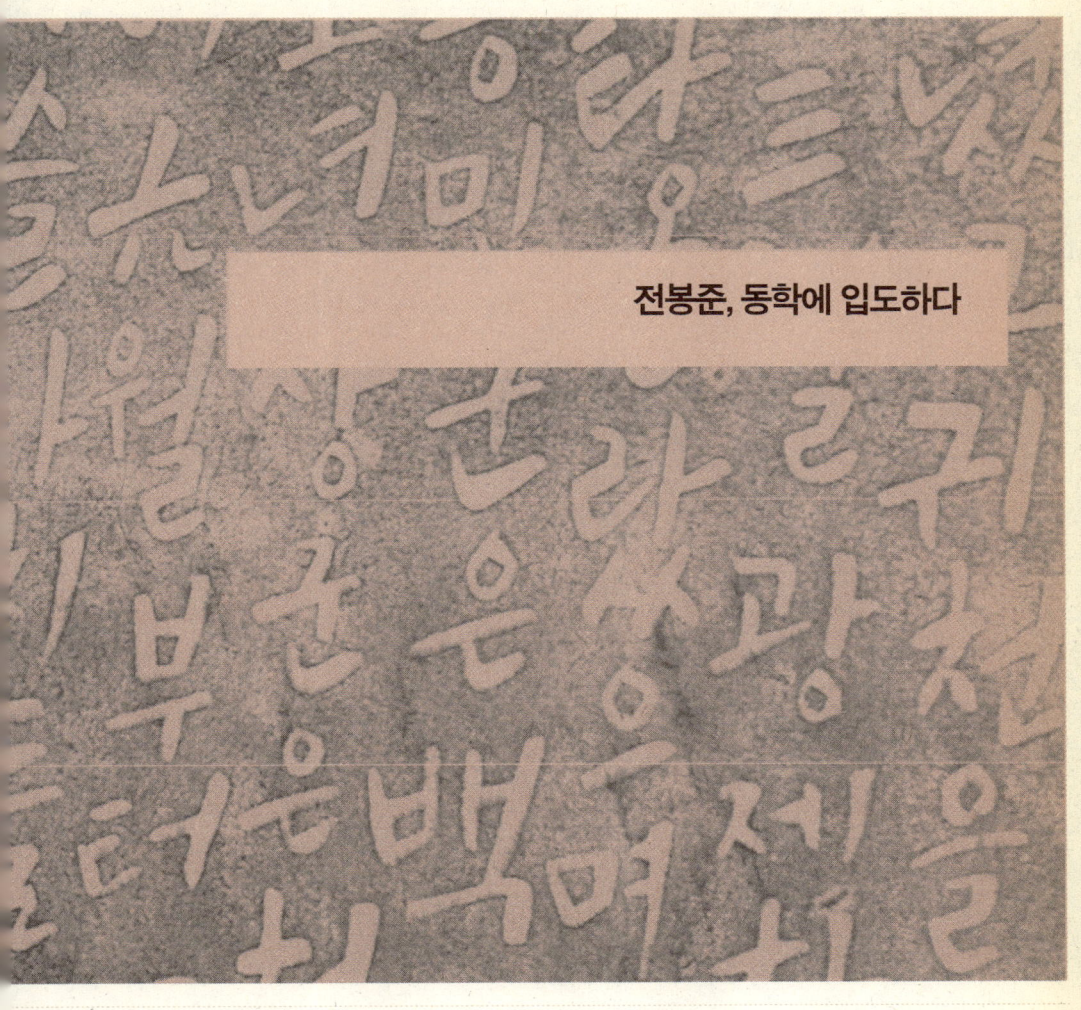

전봉준, 동학에 입도하다

만석보 유지비

고 부 군 수 가 된 조 병 갑

전봉준 하면 저절로 떠오르는 고부 땅. 이 고부 땅이 역사의 조명을 받게 된 것은 탐학(貪虐)의 대명사로 거론되는 조병갑(趙秉甲)이 군수로 부임해 온 것과도 관련이 있지만 그밖에도 고부라는 지역이 갖는 특성을 빼놓을 수 없다.

그 당시 고부는 주변에서 가장 번창했던 고을이었다. 고부는 그 관할 지역 안으로 동진강, 정읍천, 고부천 등이 흘러 고부 평야, 팔왕 평야, 배들 평야, 백산 평야 등이 개간되어 비옥한 농토를 가지고 있었을 뿐만 아니라, 서해안의 풍부한 해산물까지 얻을 수 있어 말하자면 '재정자립도'가 높은 고을이었다. 훌륭한 수령이라면 자신의 뜻을 펼쳐 백성들을 널리 이롭게 할 수 있는 최적의 부임지였다.

그러나 조선조에서 그런 목민관을 만난다는 것은 백사장에서 금싸라기를 줍는 것과 다름없었다. 특히 19세기가 마무리될 즈음에야 어찌 그런 목민관을 만날 수 있었으랴. 서울에서는 "아들 낳아 호남에서 벼슬살이를 시키는 것이 소원이로다" 라는 노랫가락이 퍼질 정도로 나라의 위아래가 부패와 무사안일에 빠져 지방 수령을 한 밑천 잡는 '사업'으로 여겼고, 조병갑은 그런 무리 중 하나였다.

조병갑에게 고부 땅은 눈치봐야 할 고관대작들의 후예가 버티고 있는 껄끄러운 고을도 아니었다. 부임하자마자 온갖 명목을 붙여 쓸어 담기만 하면 되는 '황금 어장' 이었던 것이다. 또 수탈한 알곡을 일본으로 수출할 수 있는 줄포(茁浦)항까지 갖추고 있었으니 조병갑에게는 오매불망 부임하기를 그리던 땅이었고, 이곳에서 '한탕' 하면 자손 대대로 부귀 영화가 보장될 수 있다는 꿈을 키우기에 안성맞춤의 땅이었다.

조병갑에게 고부 땅은 눈치봐야 할 고관대작들의 후예가 버티고 있는 껄끄러운 고을도 아니었다. 군수 조병갑이 호령하던 고부 관아의 동헌은 지금의 고부 초등학교 교실(위)로 변했다.

마침내 조병갑이 1892년 5월 군수로 부임해 왔고, 조병갑은 부임하자마자 오매불망 그리던 대로 돈벌 궁리에 정신을 못 차릴 지경이었다. 그런데 하늘마저 모진 군수를 알아보았는지 부임해 온 다음해에는 충청도 이남에 비 한 방울 내리지 않아 농사마저 엉망이 되고 말았다. 그래도 고부 땅은 산과 바다로 나뉘어 있어 북쪽은 아주 흉년이 들었지만 남쪽은 약간의 곡식을 거둘 수 있었다. 조병갑은 한재(旱災) 상황을 보고 받고 북쪽 네 개 마을의 농토에는 조세를 감면해 주고, 여기서 받지 못한 부족분은 남쪽 마을로 옮겨 배로 올려 받았다. 그리고서 조세를 남쪽으로 옮겨 감면해 주었다는 공치사를 앞세워 오히려 북쪽 마을에 보답하라는 명목으로 수전(水田) 1경(頃: 약 40마지기)당 벼 100말(斗)을 거두어 들였으니 이 어처구니 없는 조처에 군민들은 하늘만 바라보며 울부짖을 뿐이었다.

조병갑의 탐학은 여기에 그치지 않았다. 전봉준의 공초 기록을 한번 보자.

문: 비록 탐관오리라 하여도 반드시 명색이 있었을 것이니 상세하게 말하라.

공: 지금 그 세목을 다 말할 수 없지만 대략을 말하면, 하나는 민보 아래 새로 보를 쌓아 민간에 명을 내려 상답에는 한 마지기에 두 말 세를 하답에는 두 마지기에 한 말 새를 빼앗아가니 벼가 도합 700여 석이요, 진황지를 백성에게 부쳐 먹게 하여 관가에서 문권을 주어 조세를 걷지 않겠다고 하더니 추수하자 늑탈한 것이요, 하나는 부민에게 엽전 2만 량을 늑탈한 것이요, 하나는 그 아버지가 일찍이 태인 군수를 지냈는데 그 아버지를 위하여 비각을 건립한다고 돈을 늑렴한 것이 천여 량이요. 하나는 대동미를 군민에게는 징수할 때는 16말씩 준가로 하고 상납할 때는 녹미로 바꾸

어 이조(利條)를 몰식한 것이요. 그밖에 더 많은 것들은 일일이 말하기 어렵다.

문: 지금 말한 것 가운데 2만 량을 늑탈한 것은 어떠한 명목으로 행하였는가.

공: 불효, 불목, 음행 및 잡기 등의 일로 죄목을 구성하여 행하였다.

문: 이 같은 일은 한 곳에서 행하였는가, 아니면 여러 곳에서 행하였는가.

공: 이 같은 일은 한 곳에서 그치지 않고 수 십 처나 된다.

문: 수 십 처나 된다하니 그 가운데 이름을 아는 자가 있는가.

공: 이름을 기억하기 어렵다.

문: 그밖에 고부 군수가 어떠한 일을 행하였는가.

공: 지금 말한 사건이 모두 군민에게 탐학한 것이다. 그런데 새로 보를 쌓을 때 다른 사람의 산에서 수 백년 묵은 거목을 함부로 잘라 쓰고 보를 쌓는 일에 동원된 일꾼에게 한 푼도 안 주고 부려먹었다.

탐 학 수 령 의 가 렴 주 구 에 떠 도 는 농 민 들

이런 연유로 고부 군민들이 관아로 달려가 소장을 올리고 억울함을 호소했으나 조병갑에게는 통하지 않았다. 군민들의 진정을 들어줄 양이었으면 시작도 하지 않았을 조병갑이었기에 오히려 장두(狀頭) 몇 사람을 잡아 가두었다. 그때 구금된 장두 중 한 명이 전창혁이었고, 곤장을 맞아 장독으로 죽었다는 것은 앞에서 말한 그대로이다.

이렇게 살기가 더욱 팍팍해진 고부 땅에서 전봉준과 조병갑이 조우했다는 것은 무슨 기연일까. 너 댓 명의 학동을 가르쳐보았자 그렇게 생활에 도움이 되지도 않았을 것이고, 두지리에 한약방을 차린 것도 돈벌기보다는 다른 일을 위한 방편으로 여겼을 전봉준에게 고부군에서 벌어지는 작태들이 어떻게 비쳤을까. 조병갑의 탐욕으로 아버지마저 잃어야 했던 전봉준에게 군민들의 고통은 남의 일이 아니었을 것이다.

그런데 탐학은 조병갑에 그치지 않았다. 나라의 세곡(稅穀)을 운반하는 관리인 전운사(戰運使) 조필영도 그에 못지 않았다. 그가 이 지역 전운사로 부임하자마자 온갖 명목을 만들어 세금에 세금을 가산하기를, 해마다 엽전 백만 꾸러미씩 위에다 바치고도 3년이 채 못되어 일약 갑부가 될 정도였다. 그는 불응하는 농민을 붙잡아 수염을 뽑거나 상투를 매다는 악형도 서슴지 않고 자행할 만큼 무자비한 인간이었다.

여기에 균전사(均田使) 김창석까지 가세하니 설상가상이었다. 균전사는 묵은 땅을 개간하고 농사일을 독려하는 관리였는데, 김창석은 그러한 일보다는 제 뱃속을 채우는데 더 혈안이었다. 농사가 제대로 되지 않아 거두어들일 것이 없는 땅에다 세금을 징수하질 않나, 몇 년간 면세를 약속하고 묵은 땅을 개간하도록 해놓고 추수를 하자마자 그 해부터 세금을 받아내는 불법 행위만 일삼았다. 이를 분하게 여긴 농민들이 다음 해에는 땅을 묵혀 농사를 짓지 않자 김창석은 그래도 똑같이 세금을 받아 챙겼다는 것이다. 전라우도는 이런 탐학 관리들의 횡포로 병이 깊어질 대로 깊어지고 있었다.

그런데도 줄포 항구에는 농민이 지은 쌀을 헐값으로 사들이려는 일본 상인들로 북새통을 이루었다. 몇 년째 가뭄으로 쌀을 구경하기도 힘든 판에 줄포 항구에는 일본으로 실려가기를 기다리는 쌀이 객주의 창고에서 넘쳐나고 있었다.

눈앞의 천태산(조소 마을 동남쪽 2.5킬로미터에 있다)을 바라보면서 이 썩어 문드러지고 있는 현실을 근본적으로 해소할 방안이 무엇인지 깊은 생각에 잠겼을 전봉준의 모습을 그리는 것은 그다지 어렵지 않다.

"아, 나라의 정치는 외척이 발호하여 썩을 대로 썩었는데, 유림(儒林)들이란 제각기 낡은 명분이나 앞세우고 분열되어 싸움질이나 할 뿐이지 않은가? 갑신년 개화당은 어떠한가? 백성들의 아픔과 동떨어진 젊은 혈기만을 믿다가 오히려 개화의 분위기마저 망친 꼴이지 않은가, 게다가 왜놈들을 끌어들여?"

전봉준은 생각할수록 기가 막히는지 주먹을 꽉 움켜쥐었다.

"농민들은 길거리를 헤매고 있는데 어느 누구도 바른 길을 보여주지 못하니 도대체 뭘 믿고 살란 말이더냐?"

그때 조선의 농민은 7, 8할이 전호농민(소작농)이었다. 그들은 수확의 절반 이상을 지주에게 갖다 바쳤고, 부당하게 경지에 대한 조세까지 떠맡아야 했다. 그리하여 이들의 수중에 들어오는 한해 노동의 대가는 전 수확량의 2, 3할에도 미치지 못하는 형편없는 양이었다. 만약 다섯 마지기를 소작하는 전호농민이라면 결국 자기 몫으로 가져가는 것은 2, 3섬(당시 1마지기당 소출은 대략 2섬 안팎이었다)뿐이었다.

이것은 5인 가족이 이런저런 생활 경비를 제하고 겨우 2~3개월 연명할 수 있는 식량에 지나지 않았다. 게다가 설상가상으로 홍수나 가뭄이 닥쳐 흉년이 들게 되면 전호농민들의 생계는 더욱 위협받았다. 이런 상황에서 조병갑과 같은 탐학 수령의 가렴주구에 시달렸으니 먹고 사는 일이 한 마디로 전쟁이나 다름없었다.

이렇게 찌든 생활이 계속되자 농민들의 일부는 자의든 타의든 농사를 포기하고 객지로 떠돌면서 허드렛일을 하거나 이런저런 곳에 고용되어 품팔이로 삶을 꾸려 나갈 수밖에 없었다.

"하늘에 해가 떠있으나 먹구름에 가리었으니… 어찌 어둡지 아니하랴?"

전봉준은 자신도 모르게 새어나오는 신음을 삼키며 일어섰다. 만나야 할 인물이 있었다. 전봉준은 결심이 서면 누구보다도 행동이 빨랐다. 두루마기를 팔에 낀 채 날 듯이 방문을 나섰다. 매서운 바람이 전봉준의 가슴을 후벼팠다. 곧 눈이 쏟아질 날씨였다. 전봉준은 두루마기를 여미며 발걸음을 재촉했다.

전봉준이 찾은 곳은 무장현 동학(東學) 접주인 손화중(孫化中: 1861~1895)의 집이 었다. 손화중은 원래 정읍 사람이었으나 무장현 성송면 괴치리에 살면서 동학 포교에 힘쓰고 있었다. 거느리는 교도들이 많아 인근에서 세력이 가장 컸다.

특히 동학은 1890년대에 들어와 교세가 비약적으로 발전하여 온갖 뜻을 품은 사람들이 입도하거나 주목하고 있었다. 이 무렵 손화중이 고창 선운사 도솔암의 석불 배꼽에서 세상을 바꿀 수 있다는 비결을 꺼냈다는 소문이 퍼지자 손화중 포(包: 동학의 포교 조직)에 몰려드는 사람들의 행렬은 끝도 보이지 않을 정도였다.

구한말의 거유(巨儒)였던 매천 황현(黃玹, 1855~1910)은 「오하기문」에 그 때의 상황을 이렇게 적었다. "아, 호남 사람들은 재주가 있으나 천하게 되어 원망이 깊어져 거의 죽게 되었다. 간민사란자(姦民思亂者)들은 이를 빌미로 선동하자 동학당에 귀의하는 자들이 마치 시장에 몰려가는 듯하였다. 그리하여 우도로부터 좌도의 산골 짜기까지 동학도가 없는 고을이 없었는데 그 수가 수십 만이나 되었다. 이들은 '무장의 산골 절벽 속에서 용담 선사의 참결을 얻어 난을 일으킬 수 있게 되었으니 때를 놓쳐서는 안된다.'는 유언비어를 사사로이 전파하여 계사년 2월 호서의 보은현에 모두 모이게 하였다."

유생의 관점을 벗어나지 못했던 황현에게 이런 상황은 대중 봉기로 이어질 수 있는 대단히 염려스러운 것이었지만, 반면 민중의 입장에서는 자신의 뜻을 실현할 수 있는 엄청난 동력이었다. 이 때문에 손화중은 30대 초반의 젊은이임에도 호남에서

손화중(사진 오른쪽)은 원래 정읍 사람이었으나 무장현 성송면
괴치리에 살면서 동학 포교에 힘쓰고 있었다. 거느리는 교도들이
많아 인근에서 세력이 가장 컸다.

가장 영향력이 큰 접주로 떠오르고 있었다. 이것이 전봉준으로 하여금 그를 찾아가게 만든 이유였다.

"하도 세상이 뒤숭숭해서 왔소이다."

"잘 오셨습니다. 이리로 드시지요."

손화중은 전봉준을 사람의 눈에 띄지 않는 뒷방으로 인도했다. 전봉준은 방에 들자마자 정색을 하며 손화중 앞으로 바싹 다가앉았다.

"손 접주! 지금이 어느 때인지 아시겠지요?"

"아다마다요."

"지금 양적(洋賊)이 조선을 침략하여 위로는 나라의 정치를 어지럽히고, 아래로는 백성의 생활을 파괴하였음은 삼척동자도 다 아는 일 아니겠소. 게다가 왜놈은 갑신년 이후 제놈들의 세력을 이 땅에 다시 심으려고 칼을 갈고 있으니, 우리가 살 수 있는 길은 무엇이겠소? 조정의 대신들이라곤 외척 앞에 굽신거리지 않으면 오히려 한술 더 뜨고 있지 않소이까. 조병갑과 같은 지방 수령들은 백성의 고혈을 빨기에 여념이 없을 뿐 이 나라의 장래에 대해서는 털끝만치도 관심이 없소이다."

그때 조병갑과 같은 지방 수령들이 탐학에 열을 올릴 수 있는 것도 따지고 보면 민비를 정점으로 하는 척족 세력의 부패상 때문이었다. 권력의 요직이란 요직은 이들이 다 차지했고, 이들의 뜻에 거슬리는 것은 발붙이지 못했다. 과거 시험에 합격하고, 벼슬살이를 하는 것도 모두 이들 손에 달려 있었다. 그래서 오가는 뒷돈에는

정해진 액수까지 있었다는 것이다. 감사나 유수가 되려면 엽전 100만 꿰미(緡: 1000
分)에서 40~50만 꿰미, 대과(大科)에 급제하려면 5만 꿰미에서 10만 꿰미, 소과(小
科) 급제에는 2~3만 꿰미, 초사(初仕)에는 5천 꿰미에서 1만 꿰미였다고 한다. 그런
데 이것도 모자랐는지 아예 돈 있는 사람을 물색하여 억지로 벼슬을 떠넘기는 작태
도 서슴지 않았다.

이런 사정이 어찌 그때 사람들의 눈을 비켜가랴. 사람들은 욕하기를 "민씨는 도
둑놈이다. 그 중에 세 명이 가장 큰 도둑놈이다"라고 했다. 세 도둑은 경성에는 민
영주였고, 관동에는 민두호였으며, 영남에는 민형식이었다. 또 민두호의 아들인 영
준도 이에 못지 않았는데, 그가 평안도 관찰사로 있을 때 긁어모은 금으로 금송아지
를 만들어 고종에게 바치자 고종은 그를 충신으로 치하하고 그에게 국정을 맡기는
상황이었으니 어찌 바른 정치를 기대하고 청렴한 목민관을 바랄 수 있었겠는가.

"손 접주, 나라의 위아래가 이렇게 돌아가니 이제 우리가 살길은 한 가지 뿐이라
생각하오만…"
"설마?"
가만히 듣고 있던 손화중이 전봉준의 의중을 확인하듯 다그쳐 물었다.
"그렇소이다! 등소(等訴)로는 아무 일도 할 수 없소이다. 오직 떨쳐 일어나는 길
뿐이라 생각합니다!"
전봉준은 단호하게 말을 끊고 손화중의 눈을 쏘아보았다. 손화중도 전봉준의 그
러한 눈을 선선히 받아들였다.

 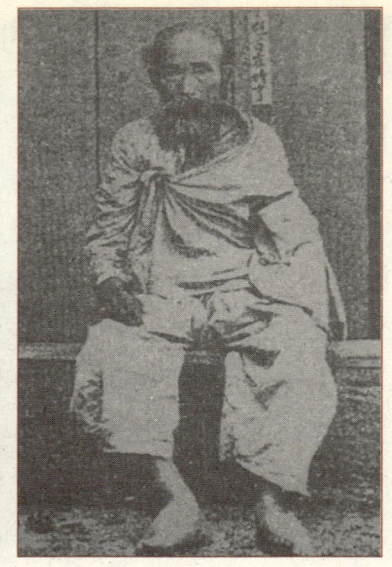

전봉준은 1890년 무렵에 동학에 입도하여 그 때부터 동학 안에서 대사회적 운동 노선을 꾸준히 추진시켜 나갔으며, 계속하여 그는 1893년 3월, 원평 집회 때까지 애초에 동학에 들어간 의도대로 자신의 의지를 관철시켜 나갔다. 동학을 창도한 교조 최제우(왼쪽)과 동학의 2대 교주 최시형(오른쪽)

"그야 이를 말이겠습니까? 다만 언제 어떻게 일어나느냐가 문제겠지요."

"경향 각지에서 화적(火賊)이 들고일어나도 그것을 진압할 군사조차 제대로 없는 형편 아닙니까? 백성들은 때가 오기만을 한사코 기다리고 있어요. 세상을 바꾸라는 저 북소리가 들리지 않소이까?"

방바닥에 손을 짚고 다가서는 전봉준이었다.

"그러나 신중히 움직여야 합니다. 농민들의 삶이 지주놈들의 착취와 토호들의 무단(武斷) 아래 찢어지고 개항으로 더욱 유린당하였지만 이는 어제오늘의 일이 아니지 않습니까?"

"시국과 형세가 그렇고, 농민들 모두가 일어서는 것을 바라고 있으니 중앙의 권귀(權貴)와 양적들도 그것을 막을 수 없을 테지요. 어찌 이런 시대적 요청을 외면할 수 있겠소이까. 손 접주! 사람이 사람답게 사는 세상을 만들어 봅시다!"

어느덧 전봉준의 눈이 불타고 있었다. 그렇지 않아도 왕방울 만한 눈으로 사람을 쏘아보면 누구나 그 형형한 빛에 압도되곤 하던 눈이었다. 손화중은 어느덧 전봉준의 위세에 눌리고 있었다.

"내가 동학에 입도(入道)한 것도 바로 그런 세상을 만들려는 염원일 뿐!"

"손 접주!"

두 사람은 손을 굳게 잡았다. 전봉준의 뜻에 따르겠다는 손화중의 말없는 약속이었다. 희뿌연 빛이 창가를 물들일 무렵 두 사람은 일어났다. 끝내 이 날의 약속은, 곧 있을 척왜양의 '삼남 집회'와 갑오 농민 전쟁의 서장이 된 1894년 3월 20일(이하 날짜는 음력) 제1차 기병으로 이어지게 된다.

계 룡 산 개 국 을 꿈 꾸 는 변 란 세 력 들

전봉준이 손화중을 만나 결심을 재촉하던 이 무렵에는 역시 다른 곳에서도 온갖 인물들이 일을 꾸미고 있었다. 이들의 궁극적인 의도는 각기 달랐다 하더라도 부정과 부패로 가득 찬 집권 세력, 특히 민씨 척족 세력을 일차 목표로 삼았던 점에서는 일치했다. 이런 점에서 이들은 하나의 세력이 될 수 있었고, 실제로 그들은 동학과 민란 쪽을 넘나들면서 서로의 동정과 제휴 가능성을 살피고 있었다.

'계룡산에서 개국하라는 천명을 받았다(鷄龍山 開國受命)'고 주장하고 3공 6경을 미리 정해 놓은 오태원, 김병일, 오계원 등도 그런 무리에 속했다. 이들은 주로 무장, 함평, 영광 등지에서 활동하던 인물들인데, 특이하게 서울 도성 밖의 사찰에 거주하던 긍엽(亘葉), 영광 불갑사의 인원(仁源), 백양사와 선운사를 오갔던 우엽(愚葉)이라는 승려 세력까지 끼어 있었다. 이들의 활동 무대는 전국적이어서 해마다 상경하여 정국의 추이를 살폈고 심지어는 갑신정변의 주역들까지 알고 지낼 정도였다. 또 전국의 명산 대찰을 찾아다니며 남조선을 개국할 정씨(鄭氏)를 위해 기도하기도 하였고, 무주 적상산성의 철환궤를 훔치기도 했으며, 담양 추월산성의 화약궤를 탈취하는 등 수 년 전부터 무장 봉기를 준비해오고 있었다.

그리고 이들은 동학에도 입도하여 손화중이 선운사 도솔암 석불에서 비결을 꺼낼 때도 동참했다. 다음 장에서 언급하게 될 1893년 원평 집회에는 인원, 우엽, 수인이 투입되었고, 보은 집회에는 긍엽이 투입되어 역시 동향을 살피고 다녔다. 원평 집회와 보은 집회를 이용하여 자신들의 목표인 이씨 왕조 교체를 달성하려는 의도였을 것이다. 조선의 전역에는 이러한 변란을 꿈꾸는 세력들이 곳곳에 웅크리고 있었던 것이 그 때의 사정이었다.

동   학   과   전   봉   준

그런데 이러한 세력들이 모두 동학을 주목하거나 동학에 '입도했다'고 하는데, 전봉준이 동학에 입도한 것도 그런 뜻에서일까.

「전봉준 공초」에 보면 "동학을 대단히 좋아했다"는 진술이 나온다. 이유는 "마음을 지키고(守心), 하늘을 공경하는(敬天) 도"이기 때문이라는 것이다. 그래서 입도했다고 한다. 어떤 학자의 주장에 따르면, 전봉준이 교도로서의 믿음에 충실하려고 하기보다는 용무지지(用武之地)를 발견하고 동학에 들어갔다고 한다.

이 주장은 계속해서 동학은 민중적 교문(敎門)으로서 교세 팽창과 아울러 유기적 조직을 가졌으며 교문의 정신에 있어서도 개혁적 색채가 비교적 농후했으므로 세간의 불평분자들이 이를 이용하고자 입교했다고 설명한다. 그런데 이런 개혁적 입장을 실현하는 데는 두 가지 전술적 분파가 생겨났는데, 그 하나는 '무위이화'(無爲而化)를 원칙으로 하는 최시형 崔時亨(1829~1898) 호는 해월(海月). ' 인내천 ' 사상을 강조한 제2대 동학 교

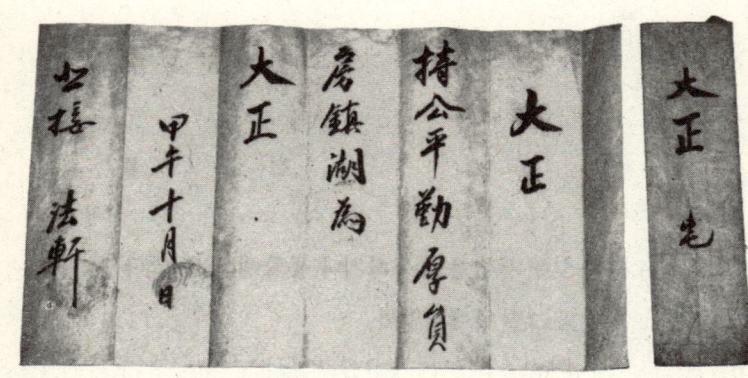

「전봉준 공초」에 보면 "동학을 대단히 좋아했다"는 진술이 나온다. 이
유는 "마음을 지키고(守心), 하늘을 공경하는(敬天) 도"이기 때문이라
는 것이다. 동학 조직의 직책 가운데 하나인 '대정'의 임명장.

^주을 따르는' 북접계 '요, 다른 하나는 부패한 현실을 개혁하고자 하루라도 속히 무고한 인민을 도탄에서 건지자는 서인주(서장옥의 다른 이름)계열의 '남접계'라고 한다.

그러면 남접과 북접은 도대체 무엇인가. 원래 남접이니 북접이니 하는 것은 교조 최제우의 도통을 전수받는 데서 서로 갈라져 생긴 것이었다. 황현은 「오하기문」에 다음과 같이 썼다.

"처음 동학은 그 무리를 불러 '포'라고 했는데 법포(法布)와 서포(徐布)가 있었다. 법포는 최시형을 받들었는데 시형의 호가 법헌(法軒)이기 때문이었다. 서포는 서장옥을 받들었는데 장옥은 수원 사람이었다. 서장옥이 최시형과 더불어 모두 최제우의 학을 따랐는데 최제우가 죽자 각각 도당을 세워 서로 사사로이 전수하면서 이름하기를 '포덕'이라 하였다. 그리하여 아무개의 포라고 서로 표지하기를 약속하였다. 서포가 먼저 일어나고 법포가 뒤에 일어났기 때문에 서포를 기포(起布)라 이름하고 법포를 좌포(坐布)라 이름하였는데 전봉준이 일어날 적에는 모두 서포였다."

이 두 계열은 현실에 대처하는 방안에서 서로 노선이 달랐다. 북접은 종교적 온건 노선을 주장했고, 남접은 개혁적인 행동 노선을 선택했다. 이러한 노선의 차이가 북접계가 대거 참가한 보은 집회가 열릴 때 남접계 및 전봉준이 주도한 원평 집회로 나타났다. 갑오 농민 전쟁 기간 중에는 북접계가 전봉준과 남접계의 기병에 반대하고 이를 무찌르려는 행동까지 보였으니, 이 두 계열의 현실 대응은 동학이라는 관점에서 접근할 수 있는 것이 아닌지도 모른다.

그렇다면 전봉준이 동학에 들어간 것은 언제쯤일까. 이것은 그가 동학교도인가 아닌가 하는 피상적인 물음에 답하려는 것이 아니라 그 시점을 전후하여 전봉준의 사상과 행동을 그려내기 위해서이다. 따라서 여기서 관심 있게 볼 것은 '그가 동학을 어떻게 보았는가', '어떤 점에서 입도했는가', 그리하여 동학에 들어갔다면 그 속에서 '어떤 주장과 노선을 가지고 있었는가' 하는 점이다. 이것은 다시 그가 동학 입도 전부터 어떤 사상과 행동 노선을 가지고 있었고, 그것이 동학과 함께 어울려 어떠한 현실 대응책을 만들어 갔는가 하는 의문을 푸는 열쇠가 되기 때문이다.

전봉준이 동학에 입도한 시기를 가장 빨리 잡는 사람은 1874년 설을 주장한다. 입도 이유는 그때 동학이 점점 "시민 계급의 일 단체가 되거늘 봉준이 그를 보고 몰래 환희를 금치 못하여 그 단체가 자기의 생각과 가까움을 깨닫고 이에 몸을 동학에 던져 자기의 이상을 이루기" 위함이었다는 것이다.

이와는 달리 전봉준이 서른 살(1884년)에 동학에 들어가 그윽이 다른 뜻을 품고 시국을 개혁하고자 사방을 돌아다니며 동지를 규합하였다는 주장도 있다. 오지영이 「동학사」에서 밝힌 바에 따르면, 전봉준은 "불우지지를 품고 사방으로 두루 돌아다니다가 무자(戊子: 1888년-인용자)년 간에 손화중 선생을 만나 도에 참여하여 세상일을 한번 하여 보고자 하였다"고 한다.

그런가 하면 동학이 그때 전라도 일대에 상당히 널리 퍼진 교단 조직이었으므로 전봉준은 투쟁의 가능성을 발견하고 1890년에 서장옥의 부하 황하일의 소개로 동학에 들어갔다고 하는 주장도 있다. 또 한 가지, 전봉준이 동학에 들어간 시기를 1892년인 서른 여덟 살 때라는 주장이 있는데, 이 주장은 상당한 근거를 갖고 있다. 전봉준 스스로가 밝힌 내용이기 때문이다. 이는 동학당 정토군 독립 제 19대대 사령관 미나미 소좌가 전봉준을 신문할 때 나온 내용이다.

문: 너는 평소 어떠한 학문을 하고 있었는가.

답: 공맹(孔孟)의 학을 닦았다.

문: 동학에 언제부터 관계했는가.

답: 3년 전부터(체포 날짜가 음력 1894년 12월 2일/양력 1894년 12월 28일이었고, 전봉준이 심문 받을 때가 음력 1895년 2월이었다).

문: 어떠한 것에 감동해서인가.

답: '보국안민' 이라는 동학당의 주의에 감동하고 있던 바, 동학인 김치도(金致道)라는 자가 나에게 동학의 문건을 보여준 적이 있다. 그 중에 '경천수심' (敬天守心)이라는 문장이 있는데, 그 속에 '대체정심(大體正心)이라고 하는 것에 감동해서 입당했다.

문: '정심(正心)한다' 는 점은 동학당에 한한 것이 아니다. 무엇인가 달리 너의 입

당을 재촉한 이유가 없는가.

답: 단지 마음을 바로 한다는 것뿐이라면 물론 동학당에 들어갈 필요가 없지만, 동학당의 소위 '경천수심'이라는 주의(主意)에서 생각할 때는 정심 외에 '협동 일치'의 뜻을 포함하고 있기 때문에 결당하는 것의 중요함을 본다. 마음을 바로 한 자의 일치는 간악한 관리를 없애고 보국안민의 업을 이룰 수 있기 때문이라고 생각한 탓이다(〈동경 조일신문〉, 1895년 3월 6일. 〈사회와 사상〉, 1988년 9월호 전문 게재).

이 신문 내용을 간단히 정리하면, 전봉준은 1892년에 김치도를 통해서 동학에 들어갔으며, 입도 이유는 '대체 정심'하려는 것이 아니라 협동 일치하여 결당할 수 있는 가능성을 확인했기 때문이었다. 이런 동기는 그 때 동학에 들어간 남접계 인물들도 마찬가지였을 것이다. 그렇다면 이런 움직임은 동학 교단 수뇌부에게 알려졌을 것으로 보이며, 교단 수뇌부에서도 여기에 대한 우려를 표시하지 않을 수 없었을 것이다.

1891년 5월에 최시형이 전주 서영도의 집에 있을 때, 호남의 신사(紳士)들이 날로 문전에 이르나 진리를 문답하는 자가 드물자, 최시형은 탄식하면서 "도를 아는 자가 드물구나" 했다는 것이다. 이것을 보면 그 때 호남의 이른바 남접계 인물들은 대부분 전봉준과 비슷한 생각에서 1891년을 전후해서 동학에 들어갔고, 동학의 결당 가능성을 이용하고자 했음을 알 수 있다.

이렇게 해서 교세가 급팽창하자 서인주·서병학 등 남접계 주요 인물들은 곧 자신들의 원래 의도대로 동학 조직을 움직이기 시작했다. 이 결과 1892년 10월과 11월에는 남접계 인물들의 주도로 각각 공주 집회와 삼례 집회가 있었으며, 다시 1893년 2월에는 서울에서 복합 상소와 동시에 '척왜양 운동'을 벌였던 것이다. 이어 보은 집회와 원평 집회에서는 훨씬 강력한 목소리로 정치적 요구를 내걸게 되었던 것이다. 이런 집회와 운동의 최종 목표는 교조를 신원(伸冤)하려는 종교적 목표가 아닌 봉건 정부의 타도나 정부 간당(政府奸黨)을 숙청하려는 것임은 두 말할 나위도 없다.

따라서 전봉준의 입도 시기는 1892년이 가장 유력하다. 그렇다면 나머지 입도 시기를 밝힌 주장들은 헛잡은 것일까. 혹시 뭔가 흥미 있는 내용을 전해주는 것은 아닐까. 곧 1874년 경부터 동학이 퍼져나가는 것을 관심있게 지켜보았고, 1884년에는 어느 정도 동학교인과 접촉을 시작했으며, 1888년에는 손화중과 친교를 맺게 되었고, 1890년(혹은 1891년)에 황하일이나 김치도의 소개로 정식으로 동학에 입도한 것으로 생각되며, 그리하여 1892년에는 고부 접주로 임명되어 본격적인 활동을 전개한 것으로 정리할 수 있지 않을까.

이러한 과정을 염두에 둔다면, 전봉준은 1890년 무렵에 동학에 입도하여 그 때부터 동학 안에서 대사회적 운동 노선을 꾸준히 추진시켜 나갔으며, 계속하여 그는 1893년 3월, 원평 집회 때까지 애초에 동학에 들어간 의도대로 자신의 의지를 관철시켜 나갔다고 생각된다. 그리하여 원평 집회 이후로는 교단 안에서 주목받는 위험한(?) 인물로 부상하게 되었다. 우리는 여기서 다시 한번 전봉준의 진정한 의도를 느낄 수 있고, 동학 안에서의 전봉준의 눈부신 활약상을 어렵지 않게 그릴 수 있다.

『경세유표』는 가장 종합적이고 체계적인 개혁안을 담고 있는 정약용의 대표적
저술이라 할 수 있다. 그런데 정약용의 본심을 가감 없이 드러낸 『경세유표』 별
본이 따로 있었고, 이 별본이 뒷날 전봉준과 김개남(위 사진)등의 손에 비밀히
전수되어 그들의 투쟁에 이론적 지침이 되었다는 것이다.

전 봉 준 , 다 산   정 약 용 의   경 세   사 상 을   읽 다

그렇다면 전봉준은 위에서 살펴본 변란 세력과는 무엇이 어떻게 달랐을까. 이 질문의 답 중 하나가 개혁의 프로그램에 관한 문제인데, 여기에 대해 실마리를 제공하는 하나의 사건이 있다. 다산 정약용과 얽힌 사건이다.

정약용에게 저 17년간의 강진 유배 생활은 깊은 좌절을 안겨주기도 했지만 위대한 부활의 시기이기도 했다. 이 유배 기간 동안 정약용은 사회 각 영역에 대한 진단과 개혁안을 제시하였다. 그 중에서 유배가 끝날 무렵 완성된 『경세유표』는 가장 종합적이고 체계적인 개혁안을 담고 있는 그의 대표적 저술이라 할 수 있다. 그런데 세상에 알려진 『경세유표』와는 달리 정약용의 본심을 가감 없이 드러낸 『경세유표』 별본이 다로 있었고, 이 별본이 뒷날 전봉준과 김개남 등의 손에 비밀히 전수되어 그들의 투쟁에 이론적 지침이 되었다는 것이다. 여기에 대해 구체적인 증거는 물론 없다. 그러나 가능성은 충분하다. 이러한 사정을 구체적으로 말해주고 있는 강진 지방에서 발견된 기록을 옮겨보자.

"…초의(草衣)는 정다산의 시우(詩友)일 뿐 아니라 도교(道交)이다. 다산이 유배로부터 고향으로 가기 직전에 『경세유표』를 밀실에서 저작하여 그의 문생 이청(李晴)과 친승 초의에게 주어서 비밀히 보관 전포할 것을 부탁하였는데, 그 전문은 중간에 유실되었고, 그 일부는 그 후 대원군에게 박해 당한 남상교, 남종삼 부자 및 홍봉주 일파에게 전하여졌으며, 그 일부는 그 후 강진의 윤세환, 윤세현, 김병태, 강운

정약용에게 저 17년간의 강진 유배 생활은 깊은 좌절을 안겨주기도 했지만 위대한 부활의 시기이기도 했다. 이 유배 기간 동안 정약용은 사회 각 영역에 대한 진단과 개혁안을 제시하였다. 정약용이 강진 유배 시절에 살았던 다산 초당.

백 등과 해남의 주정호, 김도일 등을 통하여 갑오년에 기병한 전녹두(全綠豆), 김개남 일파의 수중에 들어가서 그들이 이용하였는데, 전쟁 끝에 관군은 정다산 비결이 녹두 일파의 '비적(匪賊)'을 선동하였다 하여 정다산의 유배지 부근의 민가와 고성사(高聲寺), 백련사(白蓮寺), 대둔사(大芚寺) 등 사찰들을 수색한 일까지 있었다…" (『강진읍지』 중 「명승 초의전」, 최익한이 쓴 『실학파와 정다산』에서 재인용).

전봉준이 불우지지를 품고 전국을 돌아다니며 동지들을 규합하고 있을 때 『경세유표』 별본을 비롯한 다산의 저술들이 은밀히 유포되고 있었다면 전봉준의 손에도 자연스럽게 들어갔을 것이다. 또 위의 『강진읍지』에 거론된 인물들이 1894년 1차 기병 때 강진과 해남에서 일어난 농민군 지도자들이었다는 점에서 전봉준이 『경세유표』 별본을 입수했다는 것은 틀림없어 보인다.

다산이 자신의 경세 사상을 마음껏 펼쳐 보았다는 이 『경세유표』 별본은 오늘날 전해지지 않는다. 그렇다면 이 별본에는 어떠한 내용이 담겨 있었을까. 다산 연구에 일가견이 있었던 최익한은 '전론(田論)', '원목(原牧)', '탕론(湯論)' 등을 별본의 일부로 보았다. '전론'에서 다산은 '밭은 밭갈이하는 사람이 가져야 한다'는 농자유전(農者有田)의 원칙에 따라 토지를 균등 분배할 것을 주장했다. '원목'과 '탕론'에서는 오늘날 정치 제도와 유사하게 군주도 백성 중에서 뽑아야 하고 잘못이 있으면 소환하여 알맞은 자를 다시 추대하는 것이 나라를 살릴 수 있는 제도라고 하였다. 이는 다산의 사상 체계 안에서 가장 개혁적이고 진보적인 것으로 평가된다.

최익한은 갑오 농민 전쟁이 그 전 시기의 농민 투쟁과는 달리 그 규모로 보나 강

"일본병을 물러나게 하고 악간(惡奸)의 관리를 축출해서 임금 곁을 깨끗이 한 후에는 몇 사람 주석(柱石)의 선비를 내세워서 정치를 하게 하고 우리들은 곧장 농촌에 들어가 상직(常職)인 농업에 종사할 생각이었다." - 전봉준

령 및 전술 면에서나 말할 수 없을 만큼 발전된 것이었다는 점에서, 이같이 우수한 진보적·계몽적 사상가들의 지도적 이론이 침투되지 않고서는 저만큼 투쟁적으로 발전하기가 힘들었을 것이라고 보았다. 그리하여 다산의 별본 『경세유표』가 전봉준과 같은 농민 전쟁의 지도자들에게 전파된 것을 대단히 의미 있는 것으로 평가하였다.

민 중 적 힘 에 바 탕 을 둔 전 봉 준 의 정 치 구 상

이런 점에서 전봉준의 개혁 프로그램은 상당히 근대적 성격을 띠고 있었을 것으로 추정된다. 이 부분은 뒤에 따로 자세하게 정리하겠지만 그 단서만이라도 짚고 갈 필요가 있다. 체포된 뒤 신문을 받을 때 밝힌 그의 정치 구상이다.

"일본병을 물러나게 하고 악간(惡奸)의 관리를 축출해서 임금 곁을 깨끗이 한 후에는 몇 사람 주석(柱石)의 선비를 내세워서 정치를 하게 하고 우리들은 곧장 농촌에 들어가 상직(常職)인 농업에 종사할 생각이었다. 하지만 국사를 들어 한 사람의 세력가에게 맡기는 것은 크게 폐해가 있는 것을 알기 때문에 몇 사람의 명사에게 협합(協合)해서 합의법에 의해서 정치를 담당하게 할 생각이었다."고 대답하였다 (1895년 3월 6일자 〈동경 조일신문〉 게재, 1988년 9월호 〈사회와 사상〉 번역 게재).

우선 '합의법'에 따라 정치를 한다는 구상이었다. 합의법에 대한 구체적인 언급이 없어 상세한 내용을 알기는 힘드나, 새로운 법을 제정하여 이 법에 따라 몇 사람의 명사들에게 정국 운영을 맡기겠다는 것이 두 번째 구상이었다. 이 때 이들 명사는 조선 민중의 대표성에 따라 선발되었을 것이다. 다음은 군주제에 관한 것인데, 비록 군주를 인정한다고 하더라도 권력의 소재는 합의 정치 쪽에 두었을 것이다.

이러한 전봉준의 정치 구상은 그 당시로서는 가장 선진적인 것이었고, 실학자들의 구상과도 달랐다. 예컨대 정약용의 구상만 하도라도 그 추진력이 정조와 같은 개명 군주에 있었다. 따라서 그것은 민중을 위한 구상일 수는 있어도 민중의 구상은 아니었다. 반면 전봉준의 구상은 농민 전쟁의 과정에서 완성되었고, 그것을 실현하는 궁극적인 힘이 민중이었다. 이렇게 민중적 힘에 바탕을 둔 전봉준의 정치 구상은 오히려 실학자의 그것을 뛰어넘고 있었다.

이는 변란 세력의 그것과도 명백한 차이가 난다. 변란 세력은 3공 6경을 바꾸고 이씨 왕조를 정씨 왕조로 교체하려는 정도의 전근대적 프로그램에 머물러 있었다. 따라서 전봉준은 이들과 일정한 거리를 둘 수밖에 없었을 것이다.

전봉준이 어떤 동기로 동학에 입도했는가? 하는 것만큼 우리의 관심을 끄는 것은 대원군과의 밀약설이다. 전봉준이 한 때 서울에 올라가 대원군을 만나 모종의 약속을 했다는 것은 어느 정도 객관적 근거가 있는 것일까? 그것이 사실이라면 그 시기는 언제쯤일까?

우선 이런 의문에 답을 하기 전에 그 때 대원군이 처해 있었던 객관적 상황부터 잠깐 알아둘 필요가 있다. 대원군은 임오군란 때 잠시 정권을 다시 잡았다. 그러나 민비와 정치적 거래를 나눈 청나라는 대원군을 천진으로 납치해 갔다. 그리고 북경부근의 보정부(保定府)에 유폐시켜 버렸다. 민비는 그래도 안심이 안 되어 유폐된 대원군을 계속 정탐하고 있었다.

이즈음 청국의 간섭이 심해지자 민비는 러시아에 추파를 던지면서 청국을 멀리 하였다. 그러자 청은 여기에 대한 견제책의 하나로 이홍장으로 하여금 대원군에게 접근하여 서로 친하게 지내도록 하였다. 그리고 대원군을 석방하도록 은근한 압력을 조선 정부에 가하였고, 조선 정부는 이에 할 수 없이 대원군을 석방하도록 북경에 요청했고, 북경은 이를 곧 수락했다. 이 때 민비의 속마음이 대단히 불편했음은 말할 나위도 없다. 이리하여 1885년 8월, 대원군은 귀환 길에 오를 수 있었다.

이후 민비는 운현궁에 있는 대원군의 행동을 사전에 제압할 목적에서 서울의 여러 불평 인사들이 그의 문전에 출입하지 못하도록 출입객의 성명을 탐지하여 하옥시키거나 문책하는 등 감시를 소홀히 하지 않았다. 대원군은 사태를 역전시키려고 절치부심했으나 뜻과 같이 되지 않았다. 민비는 이에 한 술 더 떠서 운현궁을 밀봉하고 모든 사람의 왕래를 끊어버렸다. 그리고 운현궁의 문전에 홍마목(紅馬木)을 세워 출입하는 사람은 궁내의 허락을 받도록 하였다. 여기에도 만족하지 않은 민비는 때로는 사람을 시켜 운현궁을 습격토록 했으니 두 사람간의 적대 관계는 실로 깊고도 깊었다. 이 때 대원군을 방문하는 사람은 청나라 공사 원세개(袁世凱) 정도였다. 이런 상황 속에서 귀국 초기에는 거의 활동을 할 수 없었고, 이후 이런 상황은 큰 변화 없이 1894년, 갑오 농민 전쟁 때까지 계속되었다.

다음은 대원군과 전봉준이 만나서 밀약을 나누었다는 장면이다. 전봉준이 서울에 올라와 중앙 정치의 동향을 엿보던 중 대원군의 집에 들어가 수 년 간 대원군과 같이 있었다. 대원군은 전봉준이 범상한 인물이 아님을 알고 하루는 조용히 불러 "나의 집에 출입하는 사람은 대개 무슨 청이 있는데 그대는 아무런 청이 없으니 무슨 까닭인가."하니, 전봉준은 웃으면서 "작은 청을 아니하는 사람은 큰 청이 있는 까닭이다."고 했다. 이에 대원군은 그 뜻을 알아차리고 밀실로 인도하여 전봉준과 국내 정치 개혁과 세계 대세를 서로 이야기했다. 두 사람은 서로 내외 상응하여 거사하기로 약속하고 전봉준은 고부로 내려왔다. 이 때 대원군은 전봉준에게 친필로 '강(江)' 자를 써주며 "농민군이 만약 동작강까지만 깃발을 날린다면 나는 당장 궁중을 점령하겠다."고 했다. 이때가 계사년(1893년)이었다.

대 원 군 , 전 봉 준 에 게 밀 사 를 보 내 다

이것이 밀약설이 나오게 된 앞뒤의 이야기이다. 그러나 여기에는 몇 가지 이해하기 어려운 점이 있다. 첫째 전봉준이 수년간 대원군과 같이 지냈다는 점이다. 전봉준이 몇 년 동안 운현궁에 있었다고 보기에는 운현궁의 사정이 전혀 그렇지 못했다. 앞에서 보았듯이 민비 세력의 견제가 심했기 때문에 정체 불명의 인물이 운현궁에 몇 년간 있기가 객관적으로 불가능하다. 둘째 그 때 대원군은 감시의 대상이었으므로 대원군에게 엽관 운동이나 기타 크고 작은 청을 부탁하러 많은 사람이 찾아왔다는 상황이 객관적으로 의심스럽다. 그리고 전봉준으로서도 서울에 몇 년간 지낼 수 있을 만큼 한가롭지 않았다. 다만 오지영이 「동학사」에서 "무자(戊子: 1888-인용자)년 간에 손화중 선생을 만나 도에 참여하여 세상일을 한번 하여 보고자 하여 북으로 경성(京城)을 향하여 정국의 추향을 엿보았고, 또 외세를 살펴본 바가 있었다"고 썼듯이 정국의 동향을 살피려고 일시적으로 서울에 올라갔을 수는 있다. 이 때 대원군의 명망을 듣거나 관련 인사들을 만났을지 모른다. 그러나 전봉준은 곧 내려와 오히려 지방에서 꾸준히 자신의 계획을 실천하고 있지 않았을까.

이런 점에서 대원군과 전봉준이 서울에서 오랜 기간 동안 같이 있었다는 것은 근거가 없는 것으로 보인다. 또 대원군도 권토중래를 꿈꾸고 있었다면 공공연히 자신의 집에 여러 사람이 오가도록 내버려두지 않았을 것이다. 그렇다면 대원군으로서도 재집권을 하려면 좀 더 은밀한 방법을 선택하였을 것이다. 이런 점에서 '밀사'를 통한 방식이 생각될 수 있다고 본다. 그러나 그 밀사가 전봉준과 접촉할 수 있는 객

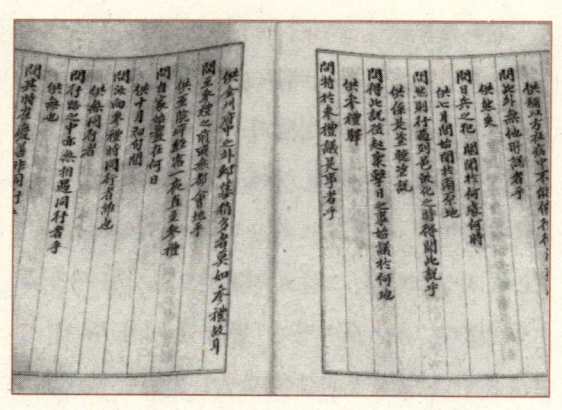

농민 전쟁이 본격적으로 진행되고 있을 무렵, 실제로 대원군의 밀사가 전봉준을 만나 대원군의 뜻을 전하기도 했다. 이는 공초 기록(위)을 보면 분명하다. 그러나 농민군의 북상은 대원군의 의도와는 무관한 것으로 판단된다.

관적 상황도 우리는 검토해 보아야 한다.

대원군이 과연 밀사를 보내어 만나야 할 만큼 전봉준의 존재가 대원군에게 알려진 것은 언제쯤일까. 알려질 수 있는 최초의 시기는 공주 집회, 척왜양 운동, 원평집회가 일었던 1892년에서 1893년부터라고 생각된다. 그 전에는 대원군이 전봉준을 알고 있었을 가능성은 그리 많지 않다. 그 다음으로 전봉준과 접촉할 필요가 있었을 때는 농민 전쟁이 본격적으로 진행되고 있을 무렵이었다. 이 때는 실제로 대원군의 밀사가 전봉준을 만나 대원군의 뜻을 전하기도 했다. 이는「중범 공초」라는 기록을 보면 분명하다.

집강소 통치가 한창 진행되고 있을 무렵 대원군의 밀사들은 바쁘게 농민군 지도자들을 만나러 다녔다. 이는 권토중래를 꿈꾸는 중앙의 정치인으로서 취할 수 있는 행동이고, 또 농민군 지도자들로서도 중앙의 동향을 살피기 위해 마다할 이유는 없었을 것이다. 이 때문에 대원군과의 밀약설이 부각되고 있는데, 상호 연락을 취했다는 것밖에는 구체적으로 밝혀진 내용은 아직 없다. 다만 평양에서 청군이 승리하여 남진할 때 농민군과 함께 일본군을 남북에서 협공하자는 제의를 대원군이 한 것으로 알려져 있다. 이 부분에 대해서는「주한 일본 공사관 기록」에 좀더 그럴듯하게 소개되어 있다.

대원군은 그의 손자 이준용을 앞세워 다음과 같은 거사 계획을 갖고 있었던 것으로 보인다.

첫째, 밀사를 평양에 파견하여 청국군의 대거 남하를 촉구할 것

둘째, 농민군을 선동해 경성에 끌어들일 것

셋째, 일본군을 협공하여 축출할 것

넷째, 개화당의 인물인 김홍집, 김학우, 김가진, 안경수, 조희연, 유길준, 김종한, 이윤용 등을 암살할 것

다섯째, 국왕과 왕비, 그리고 왕세자를 폐하고 이준용으로 하여금 왕위에 오르게 할 것

여섯째, 공로가 있는 자들과 아무개 인사를 등용해서 신정부를 조직할 것

첫 번째 단계를 실행에 옮기고자 대원군은 김종한, 이용호, 임인수, 정인구, 김형목 등을 밀사로 평양에 파견하였으나 청군이 평양에서 일본군에 대패함으로써 무산되고 말았다. 두 번째 단계를 실현하고자 겉으로는 개화파의 압력으로 농민군을 해산하라는 효유문을 보내는 척하면서 따로 이건영, 박동진, 박세강 등을 밀사로 삼아 "종사가 조석에 달려 있으니 빨리 달려와 왜구를 쫓아내자" 란 밀서를 농민군 지도부 쪽에 보냈다. 특히 박세강의 임무는 전봉준, 송희옥을 만나 북상을 권유하는 것이었다. 대원군은 이와 같이 청군과 농민군을 이용하여 일본군을 축출한 뒤 자신이 재집권하려는 야심을 불태우고 있었는데, 첫 번째 두 번째 단계가 그의 뜻대로 되지 않아 재집권 계획은 실패로 끝나고 말았다.

전봉준의 공초 기록을 보아도 농민군의 북상은 대원군의 의도와는 무관한 것으로 판단된다.

문: 너는 이미 그것이(효유문) 진짜인줄 알았으면서도 어찌하여 다시 기병하였는가

공: 일본의 속셈을 상세히 알아보려고 그랬다

문: 상세히 내막을 안 후에는 장차 무엇을 하려고 계획하였는가

공: 보국안민의 계획을 실행할 생각이었다

문: 네가 다시 기병한 것은 대원군의 효유문을 믿지 못한 때문인가

공: 지난날 조정의 효유문이 한 두 번이 아니었지만 끝내 실행된 적이 없고 백성의 뜻을 위에 전할 길이 없고 위의 은택을 밑에서 알 수가 없어 일차 상경하여 민의를 상세히 전하고자 함이었다

문: 네가 다시 기병한 것은 대원군의 효유문이 개화파의 압력 때문인 것으로 보고 아울러 대원군이 너희들의 북상을 기다린다고 보고 거행한 것이 아닌가

공: 대원군의 효유문이 개화의 압력을 받았는지 아닌지 내가 모르는 것이고, 다시 기병한 것도 나의 본심에서 나온 것이며, 설령 대원군의 효유문이 있었다 해도 깊이 믿기 어려웠기에 다시 기병하였다

물론 위의 기록이 신문 기록이라는 것을 감안해야 한다. 만에 하나 전봉준이 대원군과 밀약을 맺었다면 일본 측의 신문에 순순히 답변했을 리 만무하다. 이런 점에서 위의 답변을 액면 그대로 받아들이기 어려우나 적어도 전봉준이 다른 공초에서 송희옥을 통해 내려온 대원군의 밀사와 만났음을 인정하고 또 대원군의 속마음을 알았지만 농민군의 재기병은 그와는 무관하게 진행되었다는 것을 일관되게 밝힌 점

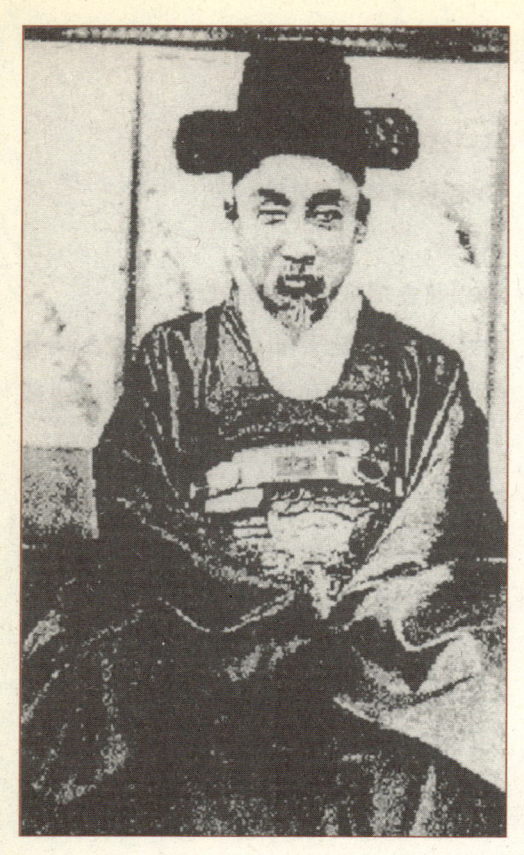

우리의 관심을 끄는 것은 대원군(위 사진)과의 밀약설이다. 전봉준이 한때 서울에 올라가 대원군을 만나 모종의 약속을 했다는 것은 어느 정도 객관적 근거가 있는 것일까? 그것이 사실이라면 그 시기는 언제쯤일까?

으로 보아 그의 답변은 신뢰할 만하다고 생각한다.

특히 여러 가지로 열악했던 농민군의 사정과 일본군의 침략 의도가 뚜렷했던 그때의 상황에서 전봉준의 선택은 무엇이었을까. 항일 연합 전선을 구축하여 일본군과 그 앞잡이들을 척결하는 것이 2차 기병의 대의였다면 비록 대원군이 보수 정치인이었다 하더라도 그렇게 배제하거나 그가 보낸 밀사를 처음부터 만나지 않을 이유는 없었을 것이다. 이런 점 때문에 밀약설은 더욱 현실감 있게 다가온다.

그렇지만 전봉준이 대원군과 밀약을 맺었다는 구체적 증거는 어디에도 없다. 대원군 쪽의 일방적 거사 계획만으로 전봉준이 대원군의 거사 계획에 동조하거나 그의 의도에 따라 북상했다고 보는 것은 섣부른 추론임에 분명하다. 다만 대원군과의 직접적인 만남보다는 밀사를 통한 간접적 만남은 여러 차례 있었고, 대원군을 비롯한 중앙 정계의 동향을 그로부터 입수했을 것이다.

무수한 정치 세력이 난무하고 외세까지 넘보는 현실에서 독자적인 농민 세력을 유지하고 재기병을 결정하는 것은 생각보다 훨씬 어렵지 않았을까. 게다가 농민 전쟁의 결과가 곧 조선의 미래였던 긴장된 순간에 전봉준은 좀더 신중하게 상황을 끌어나가야 했을 것이다. 이 때 전봉준은 찾아온 일본인 낭인도 거절하지 않은 상황에서 대원군의 밀사를 돌려보낼 이유는 더욱 없었을 것이다. 전봉준이 대원군의 밀사를 만나고 대원군의 서신을 보았다는 것은 그 때의 상황을 면밀하게 검토하면서 그 타개책을 부지런히 찾고 있었던 전봉준의 또 다른 모습이 아니겠는가.

●

희망과 실망을 동시에 안겨준 '삼남 집회(三南集會)'

농민전쟁 민화

동 학 의 탄 압 을 빌 미 로 시 작 한 대 규 모 군 중 집 회

동학의 교세는 1890년대에 들어서면서 크게 신장하고 있었다. 그러나 이런 움직임도 탐학한 지방 수령들에게는 그저 치부를 위한 하나의 빌미를 제공하는 데 불과했다. 조정에서 동학을 사술(邪術)로 여기는 만큼 지방 수령들은 늘어나는 동학 교도들을 부지런히 잡아다가 돈을 우려내는 기회로 삼은 것이다.

지방 수령들의 이런 작태가 노골화되자 이 사태를 그냥 넘길 수 없다고 판단한 동학의 남접계 서인주는 서병학과 함께 수운 최제우 선생이 억울하게 죽은 것을 바로잡아야 한다면서 1892년 10월에 휘하의 교도를 공주에 모이게 하고 충청감사 조병식에게 글을 올렸다. 이것이 이른바 공주 집회다.

감사 조병식은 그저 앞으로는 동학을 해치지 않도록 할 터이니 해산하기를 바란다는 몇 줄의 글을 내걸고는 다른 제재 조치는 내리지 못했다. 서인주 등은 감영이 고식적이고 타협적인 반응만을 보이자 재차 교도들을 모아 계속 밀어붙이기로 결정했다. 사실 이들의 교조 신원(敎祖伸寃)운동은 그냥 신원 운동에 그치는 것이 아니라 그 때 농민들이 기다리고 있던 대대적인 개혁의 실마리를 풀어가려는 데에 그 목적이 있었다.

지방 관아의 유화적인 태도를 본 최시형의 북접계 또한 용기를 얻어 교조 신원 운동에 동참하기로 했다. 이렇게 하여 11월 3일부터 전라도 삼례에서 집회가 열렸는데, 여기에 모인 군중은 '동학은 서학이 아니다' 는 글을 띄워 동학의 자유로운 포교를 호소하였다. 이 때 전봉준의 활약을 상세히 전해주는 「남원군 동학사」 유태홍의 증언

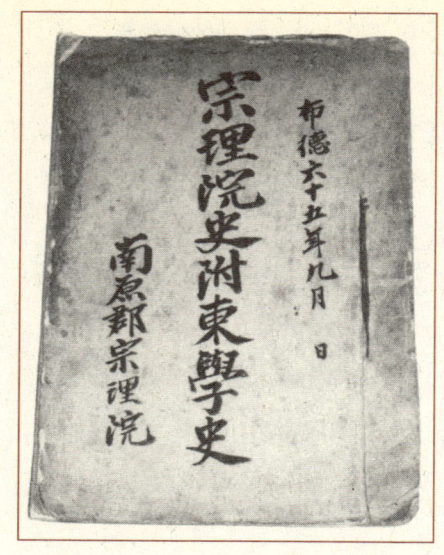

유태홍의 증언과 자료에 근거하여 남원군 주임 종리사 최병현이
1924년에 필서한 남원군 동학사는 전봉준의 활약을 상세히 전하고
있다.

"전주 삼례역에 또 집회하야 서병학의 문필로 소장을 진술하야 의송코자 할 때 관리 압박의 두려움 때문에 소장을 올릴 사람이 없어서 주저 방황하고 있는 데 전라우도에 전봉준, 전라좌도에 유태홍 씨가 자원 출두하야 관찰청에 소장을 올린 즉…"

사실 그때까지 일반 백성에게 전라감영은 쳐다보기에도 오금이 저리는 곳이었다. 그런데 나라에서 금하는 동학의 포교를 호소하는 글을 올린다는 것은 죽음까지 각오해야 하는 어려운 결심이었다. 그러한 상황에서 전봉준이 자원해서 글을 올리겠다고 한 것은 삼례 집회에서 전봉준의 역할을 짐작케 하는 부분이다. 그 뒤 전봉준은 교단 안팎에서 주목받는 인사로 부상했을 것으로 보인다.

포교의 자유를 요구하는 글을 받은 전라감사는 이때에도 똑같이 해산하여 기다리면 좋은 소식이 있을 것이라는 회유적인 글을 내거는 데 그쳤다. 그러자 북접 교단은 전라감사의 글을 그대로 믿고 교도들을 해산시켰다. 그러나 삼례 집회에는 교도들만 참가한 것이 아니었다. 또 북접계의 결정에 찬동하지 않는 교도들도 상당수였다. 이들은 곧장 전주로 몰려가 탐학 관리와 악질 토호들을 처벌해 달라고 요구했고, 이를 받아들일 때까지 감영 문 밖에서 농성을 벌였다.

한편 두 집회를 통해 자신감을 얻은 동학의 남접계의 서인주와 서병학 등은 좀더 본격적이고 강도 높은 집회를 위해 1893년 1월, 최시형을 찾아가 한양 궁궐 앞에서 상소할 것을 제의했다. 이들의 강력한 요구를 최시형은 외면할 수 없었다. 거기에는 남다른 고민이 있었다.

그러면 북접계를 고민에 빠뜨린 상황은 무엇이었던가. 1892년도 한 달만 남은 12월 초, 충청도 보은 장내리에 연일 수많은 사람이 몰려들고 있었다. 공주 집회와 삼례 집회로 고무된 군중들이었다. 이들은 곧바로 한양으로 올라가 상소 운동을 벌이자고 외쳤다. 이런 군중의 외침에 북접계 지도부는 적이 당황했고, 복합 상소 강행 압력을 끝까지 거부했다간 어떤 돌발 사태에 직면할지 모를 상황이 지도부의 결단을 촉구했던 것이다. 지도부는 타협안을 제시했다. 복합 상소는 추진하되 봉소도소(奉疏都所: 상소 추진 본부)와 시기는 따로 정한다는 내용이었다.

1893년 1월 말, 드디어 봉소도소를 청주 손천민의 집으로 정하고 거기서 복합 상소의 제반 절차를 정했다. 소수(疏首)는 박광호로 정하고, 서병학은 2월 1일에 먼저 상경하여 교도들의 상경을 기다렸다.

그러나 먼저 한양에 올라온 서병학 등은 사실 복합 상소에는 큰 관심이 없었다. 이들은 오히려 교인들에게 군복을 입혀 대병(隊兵: 구식 군대)과 함께 민씨 집단을 타도하고 정부 간당을 축출하는 정치 운동에 더 뜻을 두고 있었다. 2월 8일, 한양에 도착한 손병희 · 김연국 · 손천민 · 박인호 등은 사태가 이상하게 돌아간다는 것을 파악하고 서둘러 11일 광화문 앞에 엎드려 상소했다. 그러자 13일에 "너희들은 각각 집에 돌아가 그 하는 일에 힘쓰고 있으면 소원에 따라 시행하리라."는 임금의 전교가 내렸고, 이에 북접계 쪽에서는 복합 상소를 중단하고 각자 고향으로 내려갔다.

전 봉 준 , ' 척 왜 양 운 동 ' 에 불 을 붙 이 다

북접계의 복합 상소가 진행되고 있을 때, 서인주와 서병학 등은 다른 일을 벌이고 있었다. 노골적인 반외세의 내용이 담긴 '척왜양'(斥倭洋)의 괘서 掛書, 익명으로 게시하는 글를 내거는 일이었다.

그 해 2월 14일 밤, 미국인 학당에 벽보가 붙은 것을 시작으로 2월 18일에는 미국인 교회당에 강경한 어조로 구체화된 내용의 괘서가 붙었다. 다음은 프랑스 공사관, 일본 영사관에도 각각 괘서가 나붙었다. 이 중에서 미국인 교회당과 프랑스 공사관에 나붙은 괘서를 보면 이들의 의도는 뚜렷하게 드러난다. "만약 너희들이 짐을 싸서 빨리 본국으로 돌아가지 않으면 갑옷과 투구를 갖추어 3월 7일에 너희들을 공격하겠으니 그리 알라." 서울에 있는 외국인들이 긴장하기에 충분한 내용이었다. 이를 '척왜양 운동'이라 부른다.

서울 주재 외교관들은 심상치 않은 분위기를 본국에 알리는 데 부산했고, 만약 사태가 발생하면 곧장 군대를 서울로 파견하도록 요청했다. 이때야말로 이들이 조선에 와서 최초로 느낀 위기의 순간이었다.

그러면 척왜양 운동은 어떤 세력이 주도했을까. 드러난 인물은 동학 남접계의 서인주와 서병학 등이었다. 그러나 드러난 인물만 있는 것이 아니었다. 같은 시기 삼례에서 제2차 집회를 주도하면서 전라감사에게 3개 조항의 요구 조건을 제시하고 총대 20여 명을 뽑아 서울로 올려 보내고 뒤이어 수만 명을 서울로 보내는 일을 뒤에서 은밀하게 추진한 또 한 사람의 인물이 바로 전봉준이었다.

3개 조항의 요구 조건을 보면 이들의 의도가 드러난다. 첫째는 동학당을 사도(邪道)로 칭하지 말 것, 둘째 외국의 선교사와 상인은 모두 나라 밖으로 쫓아낼 것, 셋째 탐학하는 지방 관리를 제거할 것 등이었다. 감사는 고심 끝에 첫 번째 것은 관할 고을마다 포고문을 내려 금하게 하겠지만 두세 번째 것은 권한 밖의 일이므로 어찌할 수 없다고 회유했듯이 이들의 요구는 지방 수령으로서 결정하기 힘든 중앙 정치 수준이었다.

전봉준은 이미 서인주와 상의하여 서울의 복합 상소를 '척왜양 운동'으로 유도하도록 했고 자신은 삼례 집회를 통해 서울의 운동을 지원하면서 뒤따라 서울로 진격한다는 계획을 세우고 있었다. 이런 은밀한 계획에 따라 서인주는 북접계와 함께 서울에 올라가 그곳에 괘서를 붙이면서 분위기를 '척왜양' 쪽으로 몰고 갔던 것이다.

그러나 3월 7일의 총공격은 불발로 끝나고 말았다. 하지만 이 척왜양 운동은 지방으로 계속 이어져 운동의 지속성을 보여주었다. 3월 6일, 부산 성문에 방문이 붙었고, 3월 11일에는 충청도 청산에 괘서가 나붙었다. 또 그밖의 지방 거리마다 방문이 나돌았는데 모두 척왜양을 부르짖은 내용이었다.

전봉준은 3월 7일의 총공격이 뜻대로 되지 않자 각 지방에 방문을 게시하도록 하고 재차 서울 공격을 유도하면서 새로운 계획에 들어갔다. 서인주의 남접계는 북접계를 다시 끌어내고, 전봉준은 이와 때를 같이 하여 다른 지역에 사람들을 모아 교단 쪽의 운동을 반외세, 반봉건의 정치 운동으로 유도한다는 것이었다.

「남원군 동학사」가 이 무렵 전봉준의 동향을 이렇게 전해주고 있다. 1892년 11월, 삼례 집회가 해산되자 전라도 교인 김개남, 전봉준, 김덕명, 손화중 등 수백 명이 무장 군수에게 빼앗긴 천 냥을 찾고자 금구 원평으로 몰려가니 겁을 먹은 무장 좌수와 이방이 천 냥을 되돌려 주어 그제서야 해산했다는 것이다. 그럼에도 관리들의 탄압은 그치지 않아 다음 해 1월에 전봉준이 창의문을 지어 10일부터 각 군에 돌렸는데 남원에는 김영기, 운봉에는 김성기, 곡성에는 김재홍, 구례에는 유태홍이 맡아 각각 게시했다는 것이다. 그런데 전봉준이 사용한 '창의(倡義)' 란 말은 그 때까지 북접계에서는 사용하지 않는 용어였고, '창의문' 또한 3월, 보은에서 집회가 시작할 때 내걸었던 '보은 관아 통고문' 과 같은 내용인 것으로 보아 전봉준은 북접계와는 무관하게 오래 전부터 대규모의 척왜양 집회를 추진해온 것이 분명하다.

이러한 전봉준의 계획에 따라 복합 상소 다음으로 충청도에서는 보은에서, 전라도에서는 원평에서, 경상도에서는 밀양에서 각각의 집회, 이른바 '삼남 집회(三南集會)' 가 동시에 벌어지게 되었던 것이다.

충청도 보은 집회에서 터져 나온 정치 개혁의 요구

서인주 등의 남접계로부터 또 다시 압력을 받은 북접의 최시형은 교조 신원과 포교 허락을 얻어내기로 결정하고 3월 11일, 교도들을 보은으로 모이도록 했다. 전봉준과 긴밀한 관계를 맺고 있던 남접계는 발빠르게 '보은 관아 통고문' 을 보은 삼문 밖

미국인 학당에 벽보가 붙은 것을 시작으로 미국인 교회당에 강경한 어조로 구체화된 내용의 괘서가 붙었다. 다음은 프랑스 공사관, 일본 영사관에도 각각 괘서가 나붙었다. 서울에 있는 외국인들이 긴장하기에 충분한 내용이었다. 이를 '척왜양 운동'이라 부른다. 사진은 한말의 미국 영사관

에 내걸었다. 이에 따라 그 이전과는 달리 북접계의 통유문이 왜놈과 양적과는 같이 지낼 수 없는 원수라는 내용으로 바뀌었다. 북접계로서는 사세에 따른 타협이었지만 노골적인 '민씨 정권 타도'나 현실 개혁적 슬로건보다는 덜 위험하다고 판단하여 따른 것이기도 했다.

군중들은 성채를 쌓고 그 중앙에 '척왜양 창의'라는 큰 기를 내세우고 사면에는 각각 방위를 나타내는 깃발을 꽂아 전투 대형을 갖추기도 했다. 개항 이후 이렇게 많은 사람들이 모여 자기들의 요구를 집단적으로 표명한 것은 이때가 처음이었다. 이 날 모인 사람의 수가 약 7~8만에 이르렀다 한다. 그러나 이렇게 모인 사람들의 성격이 모두 같은 것은 아니었다. 이들은 앞에서 말한 변란 세력을 비롯하여 그때 조선 사회가 해체되는 과정에서 이런저런 불만을 품고 있는 온갖 사람까지 다양한 성격을 띠고 있었다.

이 집회의 해산을 책임 맡은 양호 선무사 어윤중은 그 동안 장내리의 상황을 정탐한 후 3월 26일 장내리에 가서 왕의 칙유문을 반포하고, 그들의 뜻을 왕에게 전하겠다고 회유했다. 왕의 칙유문을 들은 북접 교단 인사들은 감복하고 왕의 명지(明旨)가 있으면 해산하겠다고 말했다. 어윤중은 4월 1일, 청주 영장과 보은 군수 등을 대동하고 장내리로 가서 전보로 내려온 왕의 윤음(綸音)을 엄숙하게 읽었다.

"…너희들이 어리석다 하나 어찌 세상의 대의와 조정의 약속을 듣지도 못했는가. 내 장차 탐묵한 수령과 아전들을 엄하게 징치할 것이다. …너희들은 모두 양민이니 각자 집으로 돌아가 자신의 일에 충실히 하라. 만약 지금의 효유 이후에도 흩어지지 않는다면 대처분이 있을 것이고 다시는 너희들을 용서하지 않을 것이다. 마음을 크게 바로 먹고 나의 뜻에 어긋남이 없도록 하라."

왕의 윤음에 북접 교단 지도부는 감격의 눈물을 흘리면서 3일 안에 해산하겠다고 약속했다. 이런 투항적 태도에 분개한 집회자들이 최시형 등 북접 지도부를 타도하려는 험악한 분위기가 일자 최시형은 손병희 등과 함께 수많은 교도들을 뒤에 하고 그 날 야음을 틈 타 달아나 버리고 말았다. 이렇게 해서 보은 집회는 해산 쪽으로 가닥이 잡히고, 맥빠진 집회가 되고 말았다.

그러나 투항적인 북접 지도부를 타도하려는 분위기가 있었듯이 참가자 중에는 상당한 의식 수준과 함께 죽기를 각오하고 온 자들도 많았다. 어윤중이 집회를 불법으로 몰고 해산시키려 하자 이들은 자신들의 견해와 입장을 이렇게 밝혔다.

"듣건대 다른 여러 나라에서도 또한 민회가 있어 조정의 정령이 나라에 불편한 것이 있으면 의논하여 정한다고 한다. 우리의 모임도 이와 같은 것인데 어찌 비류로 보느냐? …전답을 다 팔고 죽기를 각오하고 이곳에 왔는데 이제 돌아가라 하면 어디로 가란 말인가? 또 고향의 토호들이 우리를 그냥 내버려두겠는가? 여기서 함께 살든지 죽기를 원한다."

여기서 주목할 것은 이들이 서구의 민회(民會)를 거론하였다는 점이다. 민회란 곧 요즈음의 국회와 같은 것이니 정치 제도에 대한 이들의 의식 수준을 짐작하게 한다. 이들은 이미 서구의 정치 제도와 문물을 소개한 신문과 책자를 보고 백성의 의사를 전달할 수 있는 선진적 제도가 있다는 것을 알고 있었음에 틀림없다.

오래 전 갑신정변의 주역들이 발간한 〈한성순보〉에 서양의 정치 제도가 소개된 이후 지식인층에서는 그와 같은 글들을 쉽게 구해 볼 수 있었다. 그러나 조선의 현실은 읽은 글과는 거리가 멀었다. 외척에 가려진 무능한 군주에게서 비상한 대책이 나오기도 힘들었고, 탐학에만 열중하고 있는 대소 관리에게서 개혁적 건의안이 나올 수도 없었던 것이 그 때의 현실이었다.

그렇다면 서양과 조선을 비교할 수 있었던 지식인층이 가질 수 있는 대안은 뻔하지 않았을까. 그 대안 중 하나가 바로 보은 집회 참가자의 입을 통해 확인되고 있는 것이다. 이들은 민의를 반영할 수 있는 보은 집회 같은 것이 제도화되어야 하고, 이를 위해서는 집단 행동도 불사하겠다는 것이었다. 그러나 기대와는 달리 보은 집회가 북접계의 유화적 태도로 말미암아 김빠진 집회로 변해버리자 이들은 분루를 삼키며 돌아가야 했다.

'삼남 집회(三南集會)'의 의의

이렇게 보은 집회가 와해되어 가고 있을 무렵, 전라도 금구현 원평에서도 집회가 열리고 있었다. 원평 쪽에 있던 전봉준은 보은 집회의 성격이 점차 자신들이 계획한대로 정치 운동으로 기울자 원평 집회의 성격을 더욱 뚜렷이 했다.

이에 따라 원평 집회의 참가자들은 인천으로 곧바로 올라갈 것을 선언하면서, 3월 21일에는 손화중 휘하의 만여 명을 보은집회에 참여케 했다. 사태가 이렇게 돌아가자 북접 지도부는 26일 어윤중과 만난 자리에서 타협을 하고 끝내 4월 1일, 왕의 윤음이 도착하자 서둘러 해산해 버렸던 것이다. 보은 집회가 해산하자 원평 집회도 더 이상 독자적인 집회가 되지 못하고 파장하는 분위기로 흘러가 버렸다.

그런데 지금까지 충청도의 보은에서 집회가 열릴 때 전라도의 원평 집회에만 주목해 왔다. 그러나 그때 삼남 지방의 객관적 조건은 모두 비슷했다. 그런데도 경상도 지방에만 같은 시기에 집회의 흔적을 발견하지 못했다.

그러나 최근에 발견된 『영상일기(嶺上日記)』에 따르면 경상도 밀양에서 동시에 집회가 있었다고 하여 관심을 끌고 있다. 이 일기는 남원의 유생 김재홍이 쓴 것인데, 농민 전쟁과 관련된 다른 부분의 상황 설명에서도 비교적 정확하여 꽤 신빙성이 높은 자료이다. 따라서 밀양 집회에 관한 내용도 근거 없이 쓰지는 않았을 것으로 여겨진다. 다만 아직 밀양 집회를 언급한 다른 자료가 발견되지 않아 이 일기만으로 밀양 집회의 유무와 그 성격을 단정하기는 좀 이른 감이 있지만, 어쨌든 중요한 내용임에는 틀림없다.

"3월 보름 경 전해 듣기로, 삼남 동학배들이 각 도에서 도회(都會)를 가졌는데 충청도는 보은에서 모였고, 영남은 밀양에서 모였고, 호남은 금구 원평에서 모였다고 한다. 참가자는 각각 수만에 이르는 데 이들의 옷은 소매 없는 푸른 두루마기(無袖

靑周衣)에다 어깨 가장자리는 붉은 색으로 장식했다고 한다."

삼남지방에서 동시에 모인 점과 그들의 옷이 규정된 양식이 있었다는 점에서 이들의 집회는 일정한 집단의 통제 아래 조직적으로 이루어졌다는 것을 알 수 있다. 그것은 보은 집회와 원평 집회에서 드러나듯이 전봉준 및 남접계와 무관하지 않았을 것이다. 이런 연계에 따라 밀양 집회를 주도한 세력은 서울 척왜양 운동 이후 부산 지역에서도 방문(보은 관아 통고문과 같은 내용)을 내걸고 척왜양 운동을 계승했을 것으로 생각된다. 밀양 집회 또한 전봉준의 상경 계획에 따라 수만의 군중들을 불러모았으나 보은 집회가 맥없이 해산되자 더 이상의 진전을 보지 못하고 흩어졌다.

보은 집회와 원평 집회 그리고 밀양 집회가 모두 해산되자 4월 10일, 의정부의 건의로 '삼남 집회'의 주모자로서 호서의 서병학, 호남의 김봉집(전봉준은 이때 김봉집이라는 이름으로 활동)과 서장옥을 찍어 체포하여 엄하게 조사해 올리라는 정부의 지시가 내려졌다.

이런 체포령이 내리자 전봉준 계열의 인물들은 잠깐 몸을 숨겨 다음 계획을 숙의했다. 삼남 집회에 관련되었던 주도급 인물 중 몇몇은 상주 우복동, 두류산(지리산) 등지로 몸을 날려 기회가 있을 때마다 선동적인 글을 게시했다. 그 글에는 '부정 축재한 관리를 정부에서 찾아 죽이지 않고 오히려 민간인에게 덮어씌운다면 우리는 다시 모여 우리의 요구를 관철시킬 것이다'는 내용을 담고 있었다. 그리고 7월에는 충주에 모여 다시 서울로 진격할 계획도 세웠다. 그러나 이 계획은 실제로 이루어지지는 않았다.

전봉준은 이와 같은 일련의 정치 운동이 쉽게 가라앉지는 않겠지만 특별한 계기가 없는 한 강력한 행동으로 폭발되기도 어렵다고 보았다. 전봉준의 고민은 또다시 시작되었다. 아무튼 1893년은 방방곡곡에서 '척왜양'의 기운이 흘러 넘친 한 해였다.

전봉준, 농민 봉기를 주도하다

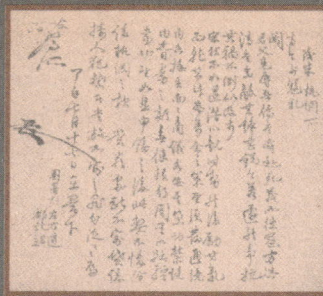

집강소 관련 문건

사 발 통 문 으 로   의 기 를   다 짐 하 다

기층 민중에게 희망과 실망을 함께 주었던 1893년이 저물어갈 무렵, 전봉준은 세상 동정과 인심을 예의 주시하고 있었다. 한해 동안 엄청난 열기가 끓어올랐음에도 중앙의 동향은 전과 다름없었고 조병갑의 탐학 또한 그대로였다. 임금의 약속은 휴지 조각이었고, 백성들은 오히려 더 관리의 눈치를 보아야 하는 상황이 되고만 것이다.

"양놈들이 호시탐탐 노리건만 이 땅의 관리들은 저렇게도 눈이 어둡단 말인가? 아, 제 나라 백성 등치는 데는 날래다 못해 비호같건만…."

전봉준은 불발로 그친 봉기 계획을 다시 추진하기로 했다. 전봉준은 믿을 수 있는 동지들을 고부군 서부면 죽산리(지금은 정읍시 고부면 신중리 주산 마을)에 있는 송두호의 집으로 모이게 했다.

지금 주산 마을에 가려면 정읍시 입석리에서 들어가야 한다. 신중리로 가는 구불구불한 시골길을 따라 차로 6~7분 들어가다 언덕을 넘으면 시야가 탁 트이는 곳이 나오는데 이곳이 바로 주산 마을이다. 60여 가구가 다닥다닥 붙어 있는 제법 큰 시골 마을인데, 지금의 주산 마을은 일제 말기에 붙여진 이름이고, 옛날에는 대뫼마을[竹山마을]이라 불렸다. 옛날에는 고부에서 고창으로 가는 큰 길이 마을 옆을 지났고, 여덟 장사가 난 마을이라 하여 주변에서 썩 이름이 높았다 한다.

전봉준의 연락을 받은 사람들은 야음을 틈타 송두호의 집 사랑방에 모였다. 이들은 입을 굳게 다문 전봉준의 표정에서 '뭔가 있다'는 긴장감을 느꼈다. 이들을 찬찬

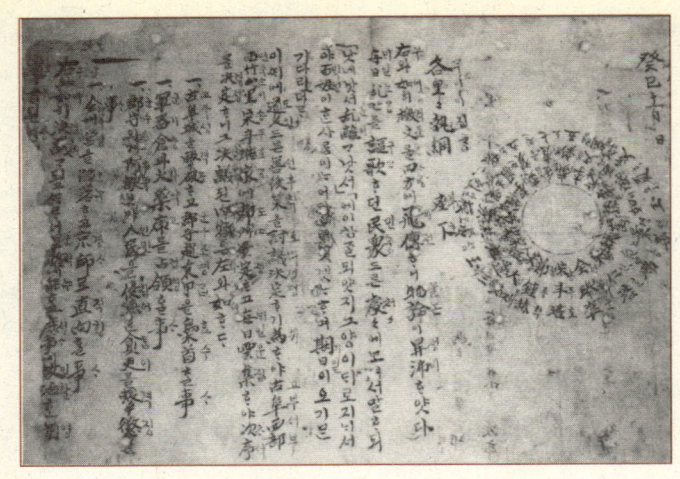

밤새 토론 끝에 격문을 만들고 4개의 행동 목표를 정했다. 그리고 결의를
다지는 뜻에서 사발을 엎어놓고 각자 돌아가면서 이름을 적어 서명하였다.
이른바 사발통문이 만들어진 것이다. 이 사발통문은 고부군내 '각리 이장
및 집강' 들 앞으로 띄워졌다.

히 살펴보던 전봉준이 입을 열었다.

"올 한해의 열기를 보았을 것이외다. 대단한 열기였습니다. 그런데도 조정은 우리를 기만했고, 백성들의 고혈을 빠는 작태는 여전하외다. 또 조병갑이의 행태를 보세요. 결론은 주어진 것 같습니다만… 여러분의 뜻은 어떠하온지…?"

"우리들의 뜻은 이미 한 가지일 뿐입니다."

"…!!"

밤새 토론 끝에 격문을 만들고 4개의 행동 목표를 정했다.

① 고부성을 격파하고 군수 조병갑을 효수할 것.

② 군기창과 화약고를 점령할 것.

③ 군수에게 빌붙어 인민을 침략한 탐리를 징치할 것.

④ 전주 감영을 함락하고 서울로 곧바로 향할 것.

3개는 지방 운동 차원의 내용이었고, 나머지 하나는 중앙까지 진격하겠다는, 곧 척왜양 운동에서 밝힌 목표를 다시 확인한 것이었다.

그리고 결의를 다지는 뜻에서 사발을 엎어놓고 각자 돌아가면서 이름을 적어 서명하였다. 이른바 사발통문이 만들어진 것이다. 이 사발통문은 고부군내 '각리 이장 및 집강' 들 앞으로 띄워졌다. 이 소식은 순식간에 고부의 19개 면민 모두에게 알려졌으며, 모두들 기다리던 것이 이제야 왔다는 표정이었다. 모두가 이구동성으로 "에이 참 잘 되었지. 그냥 이대로 지내서야 되겠나." "그대로 지낸다면 어디 백성이

말목 장터는 북으로 백산, 서남쪽으로 고부관아, 남쪽으로 정읍, 동쪽으로 신태인이 형성하는 마름모꼴 지형의 중앙 상단에 위치하고 있는데, 군중들을 일시에 동원하려면 여기보다 나은 곳이 부근에는 없을 듯하다. 사진은 말목 장터에 있는 은행나무.

한 사람이라도 살아남겠나." 하며 오히려 늦었다는 듯이 그 날이 빨리 오기를 바라고 있었다.

말 목 장 터 에 서 터 진 고 부 봉 기

그런데 일이 이렇게 진행되고 있는 동안 고부 군수 조병갑이 11월 30일자로 익산 군수로 전임 발령이 났다. 쳐 놓은 그물의 첫 번째 고기가 빠져나간 셈이었다. 그 후 고부 군수로 6명의 새 인물이 발령이 났으나 아무도 부임해 오지 않았다. 익산 군수로 발령난 조병갑이 계속 고부 관아에 남아 있으면서 전라감사 김문현을 통해 고부 군수에 재취임 시켜달라는 공작을 벌이고 있는 판에 누가 부임할 수 있었겠는가. 군민은 이것이 부당하다는 호소를 하였건만 묵살되었고, 1894년 1월 9일에 조병갑이 고부군수로 다시 발령이 나고 말았다.

전봉준은 결심했다. 놓친 고기가 다시 걸려든 이상 주저할 이유가 없었다. 전봉준은 믿을 수 있는 동지였던 최경선에게 봉기 날짜를 알리고 태인 쪽의 준비를 부탁했다. 전봉준은 원평 집회 때부터 긴밀한 관계에 있던 다른 동지들에게도 연락했다. 1월 10일 저녁. 사전에 연락된 사람들이 말목 장터로 몰려들기 시작했다.

정읍 지도를 펴보면 신태인에서 정읍과 고부로 가는 길, 그리고 백산으로 향하는 길이 서로 마주치고 있다. 신태인에서 예동을 거쳐 말목 장터에 이르면 정읍과 전봉준의 옛집이 있는 조소 마을로 가는 네거리가 펼쳐진다. 그때 이곳은 대나무 밭이었다고 한다. 말목 장터는 북으로 백산, 서남쪽으로 고부관아, 남쪽으로 정읍, 동쪽으로 신태인이 형성하는 마름모꼴 지형의 중앙 상단에 위치하고 있는데, 군중들을 일시에 동원하려면 여기보다 나은 곳이 부근에는 없을 듯하다.

배들 평야 주변의 10여 마을에는 때아닌 풍물 소리가 저녁의 정적을 밀어내고 있었다. 걸립패들이 이 마을 저 마을 돌면서 사람들을 불러내는 소리였다. 사람들은 흥분하기 시작했고, 어느덧 발걸음은 말목 장터로 향하고 있었다. 말목 장터엔 수천을 헤아리는 군중이 몰려들었다. 횃불이 밝혀졌고, 어느 틈엔가 나타난 부리부리한 눈의 사내들이 들고 있는 총기는 횃불에 반사되어 빛났다.

그들 앞에 쓰윽 모습을 드러낸 한 인물이 있었으니 그가 바로 전봉준이었다. "아녀자와 노약자를 제외하고는 이곳을 떠나지 말라." 모두 전봉준을 향했다.

"우리가 피땀 흘려 지은 곡식이 우리 손에 들어오지 않고 저 악랄한 지주나 관료 손에 들어간 지가 오래되었습니다. 우리는 언제나 갖다 바치기만 했습니다. 게다가 개항 이후 외국 상인의 행패로 우리의 생활은 더욱 나락으로 떨어지고 말았습니다. 그런데도 중앙의 대소 신료들은 자기 잇속 채우기에만 정신이 빠져 있습니다. 여기에 조병갑이마저 다시 부임해 와 어제의 행패를 오늘 또 하고자 합니다. 이 기회를 놓치면 영원히 후회할 것입니다. 부디 저 탐관오리들을 물리치고 이 나라를 바로잡는 대열에 앞장섭시다. 자, 날이 밝기 전에 곧바로 고부 관아로 쳐들어갑시다."

전봉준의 장쾌한 연설이 끝났다. 숙연히 듣고만 있던 군중들은 한 맺힌 함성을 토해내었다. 황량한 배들 평야는 원민들이 밝힌 불기둥으로 삽시간에 새 세상을 맞은 듯했다.

전봉준은 군중을 두 패로 나누어 고부 관아로 달려갔다. 드디어 새벽 공기를 가르는 함성은 고부 관아를 향해 돌진했다. 1월 11일 이른 아침, 조병갑은 벌써 달아난 뒤였고 고부 관아는 군중들의 함성 소리에 파묻히고 말았다.

관아를 점령한 이들은 이젠 핍박받던 어제의 농민이 아니었다. 당당한 주인으로서의 농민이었다. 이들은 먼저 옥사를 헐어 억울하게 갇힌 사람들을 풀어주고, 무기고를 부수어 무기를 나누어 가졌다. 또 곡식 창고를 열어 빈민들에게 골고루 나누어 주었다. 그리고 한 부대를 말목 장터로 보내 원성의 표적이 된 만석보 아래의 신보를 허물게 하고, 예동과 두전(斗田)에 쌓아 놓은 보세미(洑稅米)를 농민들에게 돌려주도록 하였다.

한편으로 백산으로 사람들을 보내 백산성을 쌓도록 하였고, 다음 날에 말목 장터로 진을 이동시켰다. 그러나 말목 장터는 공격과 수비에 불리한 평지의 장터인 까닭에 1월 25일에는 백산으로 진을 다시 옮겼다.

백산에 올라서면 전주에서 어느 방향으로 접근해 오더라도 감시할 수 있는 지리적
이점이 있다. 이를테면 공격과 수비상 대단히 유리한 요새였던 셈이다. 전봉준은 백
산의 이러한 지세를 염두에 두고 진을 옮겼던 것이고, 3월, 본격적인 농민 전쟁 때 백
산은 다시 농민군의 집결지가 된다. 사진은 백산에 있는 창의비.

농 민 봉 기 의 상 징 이 된 백 산

지금은 부안군에 속해 있는 백산은 신태인에서 부안으로 가는 길을 5분 남짓 달리다가 동진강을 건너자마자 나타나는 삼거리에 있다. 해발 47미터 정도의 나지막한 야산이지만 정작 정상에 오르면 아래에서 느끼는 것과는 아주 달리 사방이 탁 트여 주변에 펼쳐진 수십 리의 들판이 한눈에 들어온다. 백산에 올라서면 전주에서 어느 방향으로 접근해 오더라도 감시할 수 있는 지리적 이점이 있다. 그리고 정상은 꽤 넓고 평평한 지형으로서 산성을 쌓으면 그 안에 300~400 명의 군사를 충분히 주둔시킬 수 있고, 성 바깥 주위에 배치할 수 있는 군사까지 합친다면 1천 명 이상은 충분히 수용할 수 있다. 이를테면 공격과 수비상 대단히 유리한 요새였던 셈이다. 전봉준은 백산의 이러한 지세를 염두에 두고 진을 옮겼던 것이고, 3월, 본격적인 농민 전쟁 때 백산은 다시 농민군의 집결지가 된다.

고부에서 농민들이 봉기한 사실이 중앙에 알려지자 김문현과 조병갑은 그 책임을 추궁당했고, 조병갑의 후임으로 용안 현감이었던 박원명이, 고부 봉기를 진압하고 조사할 안핵사로는 장흥 부사 이용태가 각각 임명되었다.

2월 말쯤 고부에 부임한 신임 군수 박원명은 농민군의 물리적 역량을 인정하지 않을 수 없어 농민군의 요구 조건을 들어주는 유화책으로 일관했다. 그래서 박원명은 "나의 목적은 오로지 백성을 휴양케 하는 데 있다. 지금으로부터 그대들 일당과 이 고을의 시정(時政)을 의논하고자 한다. 그러니 민군 중에서 이부(吏部) 이하의 간부를 선발해 주기를 바란다. 그리고 읍폐는 여러분의 뜻을 받들어 시정하겠다."

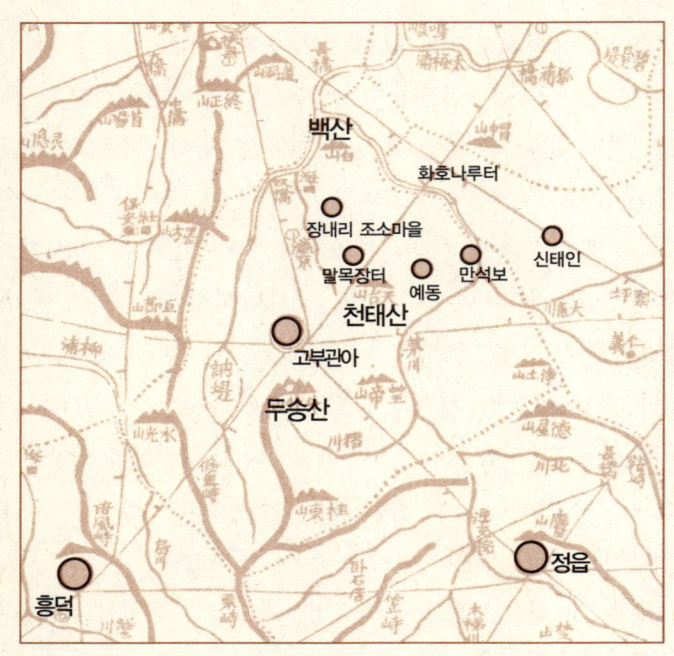

백산

화호나루터

장내리 조소마을

말목장터   만석보   신태인

예동

천태산

고부관아

두승산

정읍

흥덕

전봉준이 활동하던 정주·고부지역

는 글을 전봉준에게 보냈다.

　원래 박원명이란 사람은 광주(光州)에서 대대로 살아온 부유한 집안 태생으로 벼슬자리를 하나 얻기 위해 서울에서 엽관 운동을 하고 있다가 민영준에게 발탁되어 벼슬에 오른 자로서 자못 임기응변이 있었다고 하며, 또 제법 전라도의 지방 형편에도 밝았다고 한다. 이런 이유 때문인지는 모르나 유화책은 농민군에게 먹혀들었다. 봉기에 참가한 농민들은 하나 둘 해산하기 시작했고, 3월 초에는 대다수가 빠져나가고 말았다. 이런 상황에서 전봉준 이하 핵심 인사들은 더 이상 버티기 힘들었다. 이들은 그 동안 확보한 총과 창 수백 개를 말목 장터 주변의 인가에 비밀히 분산시키고 다음을 준비하기 위해 고부를 표연히 떠났다.

안 핵 사 의 만 행 과 다 시 뭉 친 동 학 접 주 들

전봉준이 떠나고 난 뒤 고부에는 어떤 일이 벌어졌을까. 농민군이 해산하자 안핵사 이용태(李容泰)는 장흥 벽사 역졸 800여 명을 꽁무니에 달고 슬그머니 고부군에 들어왔다. 2월 15일, 안핵사로 임명된 장흥 부사 이용태는 농민군 세력이 무서워 감히 고부군에 들어오지 못하고 병을 핑계 대고 눈치를 살피고 있었던 것이다.

이용태가 처음 착수한 것은 신임 고부군수 박원명에게 으름장을 놓고 조병갑의 행위를 정당화하는 것이었다. '가재는 게 편' 일 수밖에 없는 것. 그리고 봉기의 참가자와 주모자를 색출한다는 명분으로 가는 곳마다 휘젓고 다니면서 부녀자들을 폭행하고, 남자들을 사정없이 닦달하고 생선 엮듯이 묶어 잡아들였다. 하루는 무장 선운사에서 밥술이나 뜨는 백성을 잡아다가 동학이라고 생트집을 잡아 묶어오다가 손화중 포의 사람들에게 걸려 정읍 연지원 주막거리에서 얻어맞고 도망한 적도 있었다.

이 일로 관 쪽에서는 난리에 참가한 자들을 모두 동학이라 싸잡아 구타하고 그 집을 불태워버렸다. 전봉준이 살던 조소마을의 집도 그때 불탔다고 한다. 그러나 이용태의 관심은 딴 곳에 있었다. 예전에 하던 대로 밥술이나 뜨는 사람들을 잡아다가 돈을 우려내는 데 있었던 것이다. 흩어진 봉기 참가자들은 이용태의 잔학무도한 만행에 이를 갈면서 군수의 약속을 믿고 해산한 것을 후회했지만 이미 엎질러진 물이었다.

고부를 떠난 전봉준은 손화중을 먼저 찾았다. 손화중과는 이미 약속이 되어 있던 터이고, 게다가 이용태의 폭거까지 목격한 이상 명분은 충분했다. 무장의 대접주인 그가 일어난다면 남접계 접주들의 호응은 명약관화했다. 그 다음 김개남을 찾았다. 김개남은 태인의 동학 접주로서 전봉준과는 같은 동네에서 자란 막역한 관계가 아니었던가. 손화중이 적극적으로 호응하기로 한 이상 그로서도 거절할 이유가 없었다.

그리고 전봉준은 원평의 동학 접주 김덕명을 찾았다. 김덕명은 앞에서 본대로 전봉준의 오랜 후원자였다. 원평 집회 때도 전봉준을 적극 밀었던 그였다. 전봉준은 이제 전라도 남접계의 주요 인물들로부터 봉기 약속을 얻어내었다. 마침내 세상을 밝힐 횃불이 타오르기 시작한 것이다.

갑오 농민 전쟁을 일으킨 녹두장군 전봉준

창의문(무장 포고문)

무 장 구 수 마 을 에 서 출 발 한 농 민 군

옛날의 무장현은 고창·영광·법성포를 이어주던 교통의 요지로서 꽤 영화를 누렸으나, 지금은 고창군에 딸린 하나의 면으로 전락하여 여느 시골과 다름이 없다. 무장면에서 법성포 쪽으로 가다보면 공음면 네거리가 나온다. 이곳에서 오른쪽으로 방향을 틀어 나지막한 구릉이 이어진 길을 따라 3킬로미터쯤 달리면 구암리라는 마을이 나타나는데, 농민 전쟁 때는 무장현 동음치면 구수 마을로 불렸다. 바로 이곳에서 1894년 3월 16일부터 거동이 수상한 무리들이 이웃 마을인 법성현 진량면 용현리(지금은 영광군 법성면 용덕리 용현 마을)에서 죽창을 만들어 모인다는 첩보가 무장현에 들어갔다. 드디어 농민군이 움직이기 시작한 것이다.

그 작은 구수 마을에 갑자기 4천여 명의 사람들이 몰려와 북적대는 것을 상상해 보라. 들판에는 죽창을 하나씩 쥔 흰 옷 입은 무리들이 쫙 깔리고, 하늘에는 오색 깃발이 물결치는 모습을! 드디어 위용을 갖추고 나타난 전봉준과 손화중, 전봉준이 이곳에 모인 대의를 천명하는 '창의문' (倡義文, 또는 '무장 포고문' 이라고도 함)을 선포하자 기다렸다는 듯이 터지는 나팔소리와 북소리에 농민군의 가슴은 설레었다. 이 때가 1894년 3월 20일. 이것이 1894년에 일어난 갑오 농민 전쟁의 본격적인 시작이 되는 이른바 3월 제1차 기병이다.

지금 용현 마을에 들어서면 제법 넓은 빈터가 길 따라 펼쳐져 있고 그 가장자리에 '동학 농민 혁명 발상지' 라는 기념비가 서 있다. 엄밀하게 말한다면 발상지란 용어보다는 첫 집결지나 첫 출병지라고 해야 바른 표현이 될 이 기념비는 농민 전쟁 백

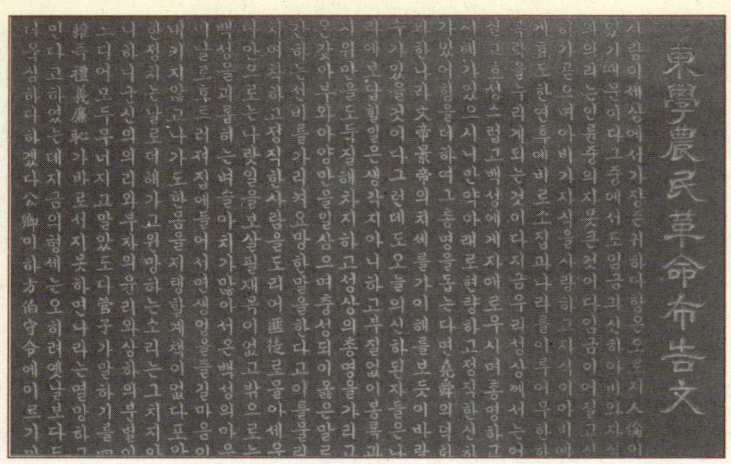

전봉준이 이곳에 모인 대의를 천명하는 '창의문(倡義文, 또는 '무장 포고문'이라고도 함)을 선포하자 기다렸다는 듯이 터지는 나팔소리와 북소리에 농민군의 가슴은 설레었다. 이 때가 1894년 3월 20일. 이것이 1894년에 일어난 갑오 농민 전쟁의 본격적인 시작이 되는 이른바 3월 제1차 기병이다.

주년이 되던 해인 1994년에 세워진 것이다. 그 뒤 고창군에서는 이 빈터를 구입하여 무장 기포를 기리는 역사 기념 공원으로 조성하려는 계획을 세웠고, 마침내 2002년 4월 25일에 빛을 보게 되었다. 그 때 세워진 기념 조형물이 농민군의 첫 출병을 재촉하듯 기념 공원을 굽어보고 있다.

무장을 출발한 전봉준은 최경선이 미리 조작한 농민군 3백여 명을 합류시키고 말목 장터로 달려가 말목 장터의 주변 인가에 숨겨둔 무기를 거두어들였다. 그날 밤 곧바로 고부 관아로 쳐들어갔다. 이용태는 벌써 달아나고 없었고 졸개 몇몇이 대항할 수 없음을 알고 항복해 왔으며 도망 못 가고 남아 있던 좌수와 이속들이 농민군을 맞아들였다. 이때가 3월 22일 밤이었다.

서면 백산, 앉으면 죽산

그 날 밤. 만감이 교차했을 전봉준을 그리는 것은 어렵지 않다. 또다시 들어온 고부 땅. 눈을 지긋이 감는 순간 고향을 떠나 이곳까지 들어오게 된 지난날이 주마등처럼 지나갔다. 병마와 싸우다가 이승을 떠나야 했던 부인을 보내는 날, 실컷 울고 싶었

백산에는 어느덧 죽창을 쥐고 흰옷을 입은 농민군 때문에 농민군이 서 있으면 하얀
색으로 뒤덮였고, 농민군이 앉으면 죽창의 푸른색으로 바뀌었다 한다. 그래서 서면
백산, 앉으면 죽산이란 말이 나왔다던가.

으나 웬일인지 더 가라앉았던 일하며, 곧장으로 피투성이가 된 아버지를 보는 순간 터질 것 같았던 분노를 누르고 내일을 기약했던 일들이 불현듯 떠올랐다. 그 때 그 일들이 오늘 밤 이곳에 오게 했을까. 그러나 이곳에는 아귀 같은 조병갑도 보이지 않았고, 온갖 악행을 서슴지 않던 이용태도 달아나지 않았는가. 전봉준은 쓴웃음이 나왔다. "배 터지게 먹고 뒤뚱거리는 잘난 양반놈들 때문에 우리가 이 고생이라 니…! 재물을 빼앗고 사람을 죽일 때는 언제고 이제 와서 나 몰라라 하다니? 에이 고약한 세상…" 욕이 절로 터져 나오는 걸 꾹 참으며, 전봉준은 힘차게 숨을 죽 들이쉬었다.

"군기고를 열어 총과 창은 물론이고 탄약까지 찾아내어 모두 나누었습니다."

"옥문을 열어 저 번 봉기 일로 잡혀온 자들을 모두 내보냈습니다."

전봉준이 얼굴을 돌리자 그곳에는 최경선이 서 있었다.

"수고 많았네! 오늘은 그쯤하고 눈 좀 붙이게나. 내일도 무척 바쁠 걸세!"

이렇게 하여 고부에서의 첫날밤은 지나가고, 다음 날 이들은 쌓여 있던 민원을 처리하고 두지면의 화약고를 불태우는 등 고부읍에서 뒷처리를 마치고 25일에는 백산으로 본진을 옮겼다. 이즈음 백산 주변은 창의문과 통문을 보고 몰려오는 농민군의 행렬로 장관을 이루었다. 이리하여 집결된 농민군의 수는 약 8천여 명.

전봉준은 각지에서 달려온 농민군이 8천여 명으로 증가하자 농민군을 재편성했다. 이때에서야 비로소 본격적인 농민군의 편제를 갖춘 것이다. 부서별 책임자를 정하니 중망에 따라 전봉준이 총대장으로 추대되고 나머지 간부가 정해졌다.

지금 용현 마을에 들어서면 제법 넓은 빈터가 길 따라 펼쳐져 있고 그 가장자리에
'동학 농민 혁명 발상지'라는 기념비가 서 있다. 엄밀하게 말한다면 발상지란 용어
보다는 첫 집결지나 첫 출병지라고 해야 바른 표현이 될 이 기념비는 농민 전쟁 백주
년이 되던 해인 1994년에 세워진 것이다.

대 장 전봉준
총관령 손화중 김개남
총참모 김덕명 오시영
영솔장 최경선
비 서 송희옥 정백현

전봉준은 백산에 '호남 창의 대장소'를 설치하고 백산 봉우리의 대장기에는 '보국안민(輔國安民)' 4자를 크게 써넣게 하였다. 이어 격문을 당당히 사방에 띄웠다.

격문이 사방으로 전해지자 기다렸다는 듯이 농민들은 머리를 질끈 동여매고 손에 몽둥이나 창을 꼬나들고 백산으로 달려왔다. 백산에는 어느덧 죽창을 쥐고 흰옷을 입은 농민군 때문에 농민군이 서 있으면 하얀색으로 뒤덮였고, 농민군이 앉으면 죽창의 푸른색으로 바뀌었다 한다. 그래서 서면 백산, 앉으면 죽산이란 말이 나왔다던가.

지금 백산 정상에는 기념탑(1989년 건립)이 세워져 있다. 탑의 이름은 '동학 혁명 백산 창의비'. 농민이 주인임을 밝히길 거부한 기념탑이다. 여기에 대한 문제점은 뒤에 다시 언급하겠다.

농민 대중은 기다린 그 날이 왔음을 실감했다. 농민들은 수군거렸다. "전 대장은 참 영웅이요, 이인(異人)이니, 신출귀몰의 재주가 있고 바람을 타고 구름을 부리는 묘술이 있으며 천하의 장사요, 세사에 다시없는 영웅이다."고. 전봉준에게 거는 기대가 그만큼 컸음을 말해주는 증거이리라.

해질 무렵 정읍으로 쳐들어간 농민군은 관아를 점령하여 옥사를 부수고 무고한 죄수들을 풀어주었고 무기고를 헐어 무기를 접수하였다. 그리고 전봉준은 농민군을 정읍에 그대로 머물게 하지 않고 밤 10시의 시간에도 불구하고 다음 날 흥덕을 치러 행군을 서둘렀다. 사진은 1900년대 초 정읍 시가지.

이런 소식을 전해들은 전라감사 김문현은 고부 봉기 때와 같이 은밀히 무마하려던 방법으로는 도저히 사태를 수습할 수 없음을 깨닫고는 곧바로 정부에 보고했다. 이 보고를 접한 정부는 3월 29일, 장위영 정령관 홍계훈을 전라병사로 제수했다가 사태의 심각함이 보통이 아님을 알고 4월 2일, 양호초토사(兩湖招討使)로 임명했다. 그리고 다음 날 장위영 병정 5대 800여 명을 각각 인천으로 보냈으며, 4월 4일, 3척의 전함에 분승시켜 군산항으로 출발시켰다.

핏 빛 안 개 로 물 든 황 토 재

음력 4월의 싱그러운 풀 냄새는 농민들을 알맞게 긴장시킨다. 한 해 농사가 본격적으로 시작됐음을 알리기 때문이다. 황토재는 말목 장터에서 정읍시로 4킬로미터 남짓 가다보면 오른쪽으로 보이는 나지막한 구릉들이 만든 고개이다. 몇 개의 구릉들이 제법 깊은 골을 만들고 있어 신록이 펼쳐지면 군사를 매복하거나 야습을 하기에 안성맞춤의 지형이 된다. 동진강을 넘어 불어오는 미풍이 황토재 고갯길의 초목들을 설레게 할 때, 농민군은 전주 감영군을 황토재로 유인하여 농민 전쟁의 서막을 열고자 했다.

전주 감영군은 농민군을 토벌하려고 전주를 떠나 백산 쪽으로 진격해 왔다. 백산에서 감영군의 동태를 살핀 농민군은 감영군을 황토재로 유인했다. 감영군은 작전에 말려든 줄도 모르고 농민군을 뒤쫓았다. 1천 3백여 명의 감영군은 해질 무렵 황토재에 이르렀다. 이때가 4월 6일이었다. 황토재 일대는 북쪽으로 동진강, 서쪽으로 고부천, 동쪽으로 정읍천이 싸고 있는 지형이라 안개가 많이 낀다. 이 또한 전봉준의 작전에 이용되었던 것일까.

밤이 깊어지자 사방을 분간할 수 없이 안개가 끼었다. 거기에다 농민군 진영에서 아무런 소리도 들리지 않자 감영군은 더럭 의심이 나서 소나무를 쪼개다가 불을 피워 영채 주변을 대낮처럼 밝혔다. 나무 타는 연기가 짙은 안개를 뚫고 자욱히 피어올랐다.

한편 농민군 진에서는 흰 포장을 둘러치고 몰래 토성을 만들어 그 위에 짚더미를 쌓아 몸을 숨기고 결전의 시간을 기다리고 있었다. 이런 줄도 모르고 감영군은 기습작전을 감행했다. 농민군 진영은 텅 비었고 감영군이 이상한 낌새를 느끼는 순간, 산의 삼면으로부터 짚더미가 일어나고 총이 불을 뿜었다. 감영군은 일시에 무너졌고, 정신없이 황토재 본진으로 달아났다. 농민군은 달아나는 감영군을 황토재로 몰아넣고 앞뒤에서 공격했다. 이리하여 황토재에는 밤사이 핏빛 안개가 깔렸고 처절한 신음소리가 드높았다.

새벽이 지나고 아침이 되자 안개가 걷힌 황토재에는 전날 기세가 드높던 감영군의 모습은 어디에도 찾을 수 없었다. 보이는 것이라곤 산아래 물이 가득 찬 논바닥 가운데 칼에 맞아 꿈틀거리거나 이미 싸늘한 주검으로 변해버린 감영군의 모습뿐이었다. 그리고 간밤의 격렬함을 떠올리게 하는 벌겋게 물든 논물이 햇살을 받고 한 쪽으로 흘러내리고 있었다. 이것이 황토재 전투였다.

주 인 모 를 문 패 를 달 고 있 는 기 념 탑 들

황토재 전투를 기념하기 위해 1963년 10월, 황토재의 제일 높은 봉우리에 '갑오 동학 혁명 기념탑'을 세웠다. 그런데 어찌하여 기념탑에는 '농민'이라는 주인이 빠지고 그 자리를 '동학'이 차지했을까? 농민 전쟁의 주인으로 볼 수 있는 '농민'을 빼고 '동학'을 앞세운 것은 농민 전쟁의 주체 세력이 동학교도임을 강조하려는 의도인데, 주인의 이름이 바뀐 문패를 버젓이 집 앞에 단 격이 아닐 수 없다.

이는 농민 전쟁 당시부터 선량한 농민이 아닌, 못된 무리인 동학교도들이 난을 일으킨 것이라고 조선의 집권층이 왜곡시킨 이래 계속 뒤틀리고 있는 부분이다. 농민이 일어났다고 할 때 감당할 수 없는 정치적 부담감이 '동학교도의 난'으로 몰아갔다면, 최근의 왜곡은 동학을 계승한 천도교단 측의 공명심과 잘못된 역사 인식 때문이다. 백산 기념탑(1989년 건립)이 '동학 혁명 백산 창의비'로 되어 있음을 이미 확인하였고, 우금치에 세워진 기념탑(1973년 건립)도 '동학 혁명군 위령탑'으로 되어 있다. 이러한 오류가 계속 방치되는 동안 우리의 역사 인식 또한 계속 왜곡될 것이다. 도대체 언제까지 이러한 역사 왜곡이 계속될까.

1894년에 일어난 갑오 농민 전쟁의 주체 세력은 어디까지나 하층 농민이었지 동학교도는 아니었다. 비록 하층 농민 중에는 동학교도가 있었다 하더라도 이들이 봉기에 참여한 것은 농민으로서의 질곡이 우선이었다. 그리고 농민 전쟁에서 내세운 요구 사항을 보더라도 농민적 이해 관계가 기본임을 알 수 있다. 따라서 '동학'이란 명칭을 붙이는 것도 재고해보아야 하거늘 '농민'이라는 용어가 빠지는 것은 도대체 어불성설이다. 거기에다 '혁명'이라는 용어는 5·16 쿠데타의 주역들이 정치적 의도를 갖고 붙인 것이니 우리는 알게 모르게 진실을 도적질 당해온 것이다.

황토재에서 감영군이 무참하게 격파 당한 이 날은 서울을 떠나 군산항에 도착한 양호 초토사 홍계훈의 경군(京軍)이 임피에서 노숙하고 전주에 들어간 날이었다. 농민군을 진압하기 위해 내려온 경군은 장위영의 소속 군사로서 조선 최고의 정예군이었다. 하지만 이런 정예 부대조차도 감영군이 패전했다는 소식을 듣자 속으로 잔뜩 겁을 집어먹고 도망자가 속출하여 전주에 도착하니 절반만 남았다고 한다.

이와는 달리 농민군의 사기는 황토재 전투에서의 승리로 절정에 달했다. 황토재에서 승리를 거둔 전봉준은 농민군을 이끌고 정읍천에 이르렀다. 아침 햇살이 잔잔히 부서지고 있는 냇물에 농민군은 발을 담구고 피묻은 병기를 씻었다. 그리고 느긋한 마음으로 아침을 지어먹었다. 승리감을 만끽하면서.

해질 무렵 정읍으로 쳐들어간 농민군은 관아를 점령하여 옥사를 부수고 무고한 죄수들을 풀어주었고 무기고를 헐어 무기를 접수하였다. 그리고 전봉준은 농민군

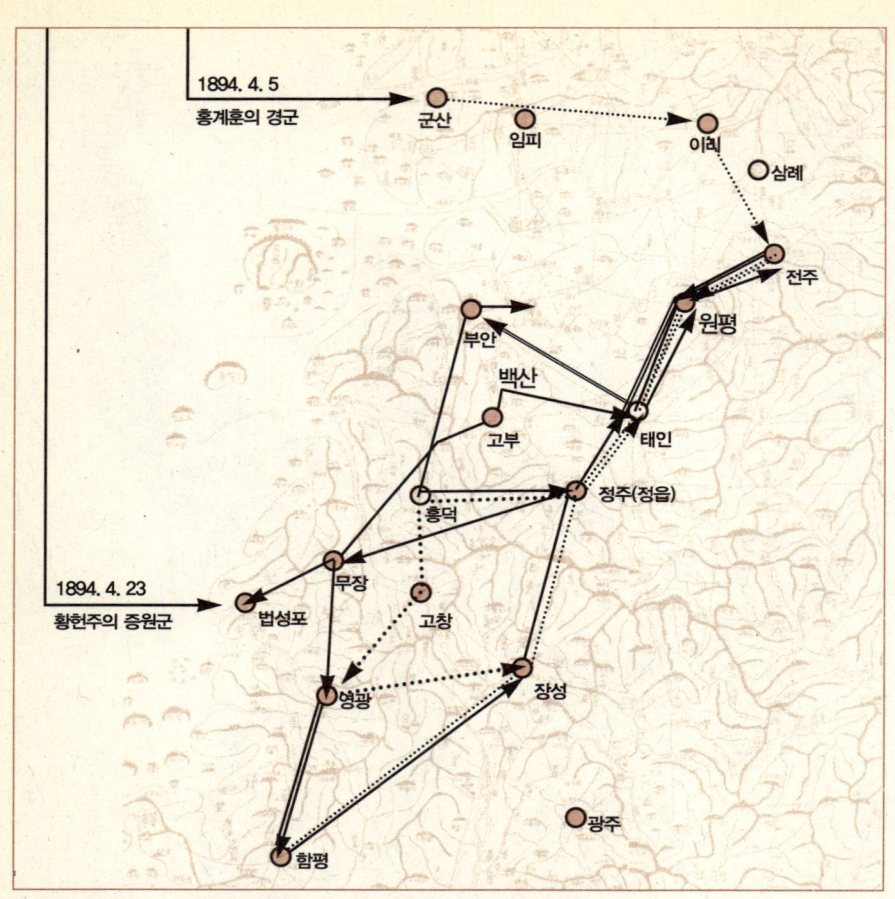

1894. 4. 5
홍계훈의 경군

1894. 4. 23
황헌주의 증원군

군산 임피 이리 ○삼례 전주 원평 부안 백산 고부 태인 흥덕 정주(정읍) 무장 법성포 고창 영광 장성 함평 광주

감영군 진격로 ⇒ : 전주→원평→태인→부안→황토재
경군 진격로 ····▶ : 군산→이리→전주→원평→태인→정주→흥덕→고창→영광→
　　　　　　　　　　장성→정주→태인→원평→전주
농민군 진격로 ─▶ : 무장→고부→백산→태인→원평→태인→부안→황토재→정주→
　　　　　　　　　　흥덕→고창→무장→영광→함평→장성→정주→태인→원평→전주

을 정읍에 그대로 머물게 하지 않고 밤 10시의 시간에도 불구하고 소성 삼거리(지금의 소성면 보화리)에까지 야간 행군을 시켜 거기서 묵게 하고 다음 날 흥덕을 치러 행군을 서둘렀다.

남 진 하 는 농 민 군 행 렬

4월 8일, 새벽에 내린 비로 흥덕으로 뚫린 길은 촉촉이 물기를 머금고 있었다. 먼지가 풀풀 날리는 황톳길보다는 달리기에 더 안성맞춤이었다. 흥덕 관아까지는 20리가 채 못 되는 거리였다. 빠른 걸음이라면 30분도 안 걸리는 거리였다.

　수도 헤아릴 수 없는 깃발이 꼬리를 물고 이어졌고, 높은 음의 나팔 소리가 초여름의 파란 하늘에 마음껏 파문을 일으켰다. 남진(南進)의 첫 목표인 흥덕 관아를 향해 달리고 있는 농민군의 발걸음은 어느 때보다도 가벼웠다. 오전 10시 농민군은 '보국안민' 이라 쓰여진 대장기를 앞세우고 무혈 입성했다. 농민군은 흥덕에 오래 머무르지 않았다. 군기고를 파괴하여 창검과 조총을 접수하고 정오쯤 고창으로 진격했다.

　지금 고창에 가면 흥덕과는 전혀 다른 느낌을 받는다. 고창읍이라는 동네 규모에

농민군은 고창읍성(왼쪽) 안으로 들어가 잡혀 있던 농민군 7명을 풀어준 다음, 관아의 건물들을 차례로 부수고, 수탈 장부를 거두어들였다. 고창읍의 여기저기에서 불길이 치솟아 밤하늘을 밝혔다. 농민군은 고창에서 하루 밤을 묵고 다음 날 무장 관아를 들이쳤다.

무장 관아를 들이친 농민군 만여 명은 동헌과 부속 건물을 파괴하고, 성안과 성밖의 일곱 거리를 불태웠다. 다만 객사(가운데)와 동헌만은 그대로 두었는데, 생각이 깊은 농민군 몇 명이 나서 "무장은 농민군이 처음 일어난 성지(聖地)이다. 성지임을 기리는 뜻에서 관아 건물들을 그대로 두어야 한다."고 만류하여 불길을 면했다고 한다. 오른쪽 사진은 무장읍성의 진무루.

있어서도 차이가 나지만 견고한 읍성(邑城)인 모양성이 아직도 고스란이 남아 있어 고풍스런 모습을 넉넉히 드러내고 있기 때문이다.

오후 8시쯤 농민군은 모양성 안으로 들어가자마자 옥을 깨뜨리고 잡혀 있던 농민 군 7명을 풀어준 다음, 관아의 건물들을 차례로 부수고, 수탈 장부를 거두어들였다. 그리고 토호들을 수색하여 하나하나 징치했다. 고창읍의 여기저기에서 불길이 치솟아 밤하늘을 밝혔다. 농민군은 고창에서 하루 밤을 묵고 9일 오전, 주민들의 민원을 풀어준 다음 정오 무렵 다시 고창을 출발하여 오후 4시쯤 무장 관아를 들이쳤다. 첫 기병지인 이곳에 다시 들어오게 된 셈이었다. 농민군의 사기는 점차 높아갔고, 충청도와 경상도에서도 농민군이 일어나 전국은 뜨겁게 타올랐다.

무장 관아를 들이친 농민군 만여 명은 동헌과 부속 건물을 파괴하고, 갇혀 있는 동료 40여 명을 풀어주고, 성안과 성밖의 일곱 거리를 불태웠다. 다만 객사와 동헌만은 그대로 두었는데, 생각이 깊은 농민군 몇 명이 나서 "무장은 농민군이 처음 일어난 성지(聖地)이다. 성지임을 기리는 뜻에서 관아 건물들을 그대로 두어야 한다." 고 만류하여 불길을 면했다고 한다.

전봉준은 농민군을 둘로 나눈 뒤 4월 12일 이른 아침, 무장을 출발하여 영광으로 쳐들어갔다. 11시쯤에 영광에 도착한 농민군은 터져나오는 함성과 함께 거침없이 성문을 열었다. 농민군은 영광에서 요호(饒戶)들의 전곡과 마필을 징발하여 군량과 무장을 확보하고 16일 오전에 함평을 향해 출발했다. 함평의 교리·노령·수성군 150여 명이 관문에서 가로막았으나 사마귀가 수레를 가로막는 격이었다.

4월 7일 오후, 전주성에 들어간 홍계훈은 농민군의 위세에 눌려 잔뜩 긴장하고 있었다. 달아나고 남은 경군만을 가지고는 싸울 수가 없어 정부에 증원군을 요청하는 한편 외국군 즉 청나라 군사를 불러들이도록 건의했다.

정부에서는 홍계훈의 증원 요청을 받고 16일 강화도 수비병인 총제영 병사 4백여 명을 강화 병방 황헌주의 인솔 아래 파견하기로 결정했다. 또 18일에는 김문현을 전라 감사직에서 물러나게 하고 외무협판 김학진을 신임 전라 감사로 제수했다.

증원군이 내려온다고 하자 홍계훈은 더 이상 전주성에 머뭇거릴 수 없어 18일 아침 일찍 대관, 교장, 군관과 함께 출발하여 12시쯤 금구에 도착했다. 19일 아침에는 태인을 출발하여 12시쯤에 정읍에 들어갔다. 이곳에서 또 일박을 한 뒤 20일에는 정읍을 출발하여 고창에 도착했다. 이곳에서 또 하룻밤을 지냈다. 이리하여 길어도 이틀이면 충분할 거리를 나흘이나 걸려 21일에야 영광에 들어온 것이다. 싸울 생각이 없었던 속뜻을 드러낸 것일까. 다음날 농민군이 장성과 나주 방향으로 각각 진격해 갔다는 보고를 받은 홍계훈은 대관 이학승, 원세록, 오건영에게 병정 3백 명을 주어 장성으로 보내 농민군의 상황을 엿보게 하고 자신은 뒤로 빠졌다.

홍계훈의 경군이 영광으로 오고 있을 무렵, 전봉준은 이미 홍계훈의 움직임을 파악하고 회심의 미소를 지었다. 지나치게 머뭇거리고 있는 경군이라면…. 전봉준의 머리 속에는 다음 작전이 그려지고 있었다.

경군의 분산이었다. 전봉준은 농민군을 나주와 장성으로 나누어 진격시켰다. 전봉준은 본진을 장성 쪽으로 돌리고 나주 쪽으로는 경군을 영광에 묶어둘 정도의 군사만 내려보냈다. 농민군의 주력 부대는 21일 장성에 이르러 월평 삼봉(월선봉) 밑에 진을 쳤다.

4월 23일, 홍계훈의 선봉 이학승이 이끄는 경군 3백여 명(전봉준의 공초에는 7백여 명으로 되어 있음)은 황룡강 건너편 황룡촌 월평 장터에 농민군이 쫙 깔려 있는 것을 보았다. 농민군은 아직 경군을 보지 못한 듯했다. 이학승은 기선을 제압하느라 대포를 뻥뻥 쏘아댔다. 마침 식사 중이던 농민군은 순식간에 수십 명이 쓰러졌다.

혼란을 수습한 농민군은 월평 삼봉에 올라 학이 날개를 펼친 듯 대형을 넓게 벌리고 함성을 질러 기세를 돋우웠다. 그리고 농민군의 회심의 무기인 대나무로 만든 수십 개의 장태를 굴려 경군을 포위해 들어갔다. 이때 전봉준은 농민군에게 "등에는 청을(靑乙) 부적을 써 붙이고 앞 옷깃을 물고 엎드려서 장태를 굴려라. 그러면 적의 포탄이 침범하지 못할 것이다."라는 군령을 내렸고 농민군은 장태를 앞세운 채 옷깃을 물고 적진을 향해 달렸다고 한다(「금성정의록」). 옷깃을 물게 한 것은 허리를 펼 수 없는 자세에서 농민군을 오로지 앞으로만 달리게 하려는 전봉준의 기민한 판단이었다. 마침 「남원군 동학사」에 장태의 모습과 그 사용 방법이 자세히 적혀 있어 그 때의 상황을 그리는데 큰 도움이 되고 있다.

"대나무 장태 7개를 제작하였다. 장태의 길이는 스물 한 척이오 높이는 칠 척인데 양 머리에 십자형으로 전축(轉?)을 하고 장태 안에 궁글 동(棟)을 횡가(橫架)하고 장정 5인이 오른쪽 동(棟)에 부복하고 다리를 앞으로 내밟으면 선전(善戰)하여 앞에 둥구리고 그 뒤에 천보(千步)대 든 군사 30여 명을 나립(羅立)하고 전봉준은 필화(筆畫)로 부적을 그려 개인의 등뒤에 한 장씩 붙여주며 말하기를 '탄환이 불범(不犯)이라' 하고 설전(舌戰)할 때 과연 탄환이 비오 듯 하되 육신범입(肉身犯入: 범입치 못한 것은 아무개 10여 인이 탄환을 공말에 싸고 가며 뒤로 던진 것)치 못한지라 그러므로 죽음의 염려는 없기로 승승축진(乘乘逐進)하니 경군이 대훼도주(大毁逃走)할 때 선봉장 이 아무개는 그 곳에서 죽고 사상자가 다수더라"

장태의 길이가 6미터에 높이가 2미터 정도로서 그 크기는 닭을 넣어 기르는 가정용 장태보다 훨씬 큰 것이었다. 그 뒤로 농민군 30여 명이 따르면서 앞으로 전진하였을 테니 말하자면 장갑차와 같은 위력을 가진 신형 무기였다. 이런 장태를 만들려면 꽤 시간이 걸렸을 것이다. 미리 만들어두지 않고서는 경군의 급습에 장태를 이용하여 반격에 나서기 힘들었을 것이다. 경군과 견주어 무기의 열세를 만회하려고 이와 같은 장태를 미리 만들게 한 것과 부적을 이용하여 농민군에게 자신감을 부여한 것은 역시 전봉준을 다시 보게 하는 대목이다.

농민군은 7개의 거대한 장태를 은폐물로 삼아 날아오는 탄환도 막아내면서 거칠 것 없이 경군이 있는 아래쪽으로 달려갔다. 경군은 삼면에서 쳐 내려오는 농민군의 위세에 눌려 도망치다가 황룡강 언덕에 시체를 깔았다. 전봉준은 이 승리의 여세를 몰아 전주로 곧장 진격했고, 끝내 호남의 수부(首府)인 전주성을 점령했다.

전주성의 남쪽 문인 풍남문에는 '호남 제일성'이라는 현판이 있다. 호남의 최대

전봉준은 이 승리의 여세를 몰아 전주로 곧장 진격했고, 끝내 호남의 수부(首府)인 전주성을 점령했다. 전주성의 남쪽 문인 풍남문(사진 왼쪽 위)에는 '호남 제일성'이라는 현판이 있다. 호남의 최대 관문이자 호남의 심장부라는 말일 게다. 이러한 성을 빼앗겼다는 것은 그때 조선 정부로서는 치욕적 패배였고, 농민군으로서는 빛나는 승리였다.

관문이자 호남의 심장부라는 말일 게다. 이러한 성을 빼앗겼다는 것은 그때 조선 정부로서는 치욕적 패배였고, 농민군으로서는 빛나는 승리였다. 그리고 집강소 설치, 폐정 개혁안을 실행하는 큰 성과를 약속해 주는 확실한 담보였다.

상황이 여기에 이르자 조선 정부는 청나라에 원병을 요청했고, 이에 따라 청나라는 5월 5일, 군대를 조선에 상륙시켰다. 이때 일본은 천진 조약에 따라 자동적으로 군대를 조선에 진주시킬 수 있었지만, 일본은 그 전에 소집된 내각 회의에서 벌써 조선 파병을 결정해 두고 있었다.

확 전 보 다 는 화 약 을 선 택 했 으 나 …

뜻밖의 국면이었다. 전봉준은 외국 간섭을 막고자 정전의 조건을 내걸었다. 제시한 개혁안을 수용한다면 전주성에서 물러날 뜻을 밝혔다. 관군도 더 이상의 확전을 원치 않았다. 이렇게 하여 성립된 것이 '전주 화약(全州和約)' 이었다.

전봉준은 정전의 조건대로 각 지방에 집강소를 설치하고 폐정 개혁에 들어갔다. 처음에는 관민상화(官民相和)의 원칙을 존중하여 관과 민이 협력하여 개혁 작업을 진행했으나, 이미 힘의 추는 농민군 쪽으로 넘어온 뒤였다. 지방 수령들은 그저 자리만 지키고 있을 뿐이었다. 전봉준은 전주에 최고 본부를 두는 한편, 지방을 돌면

서 집강소 개혁에 박차를 가했다. 집강소 개혁은 바로 농민들의 희망이었다. 새로운 힘이 솟고 있었다.

집강소 개혁은 실로 조선 역사상 처음 있는 농민 통치였다. 이러한 농민 통치가 전국적으로 확대·실시되지 않고 비록 호남 지방과 일부 인근 지방에 한정되었지만 조선 역사상 처음으로 농민이 전쟁을 통해 중앙의 봉건 권력을 차단하고 일정 지역을 장악하여 농민의 정치가 이루어졌다는 점에서 주목할 만한 역사적인 사건이다. 특히 봉건 사회의 말기적인 모순들이 농민들의 어깨를 내리 누르고, 세계 자본주의 국가들까지 농민들을 옥죌 때 이 안팎의 거대한 장벽들을 자신들의 독자 역량으로 깨끗이 돌파해 버리고 개혁의 주체로 나섰다는 것은 엄청난 의의를 가지기에 충분하다.

그런데 조선에 상륙한 일본군은 6월 21일, 경복궁을 침범하여 친일 개화파 정부를 출범시키고, 청일전쟁을 도발하여 사태는 갑자기 가파른 국면으로 치달았다. 한편 일본군의 힘으로 정권을 장악한 친일 개화파 정부는 농민군이 내건 개혁안과 집강소 통치를 희석시킬 요량으로 갑오 개혁에 착수했다. 이는 조선에서 청나라의 영향을 밀어내고 조선을 통째로 삼키겠다는 일본의 의도를 노골적으로 드러낸 것이었다.

일 본 군 을 몰 아 내 기 위 한 ' 제 2차 기 병 '

전봉준은 심각한 위기를 직감했다. 9월 초, 금구현 원평에 있던 전봉준은 전주로 나

전봉준은 외국 간섭을 막고자 정전의 조건을 내걸었다. 제시한 개혁안을 수용한다
면 전주성에서 물러날 뜻을 밝혔다. 관군도 더 이상의 확전을 원치 않았다. 이렇게
하여 성립한 것이 '전주 화약(全州和約)' 이었다. 사진은 전주 관아.

아가 직속 부대에 알리고 삼례로 향했다. 삼례는 전주로부터 서북 12킬로미터 지점. 이곳은 길이 사방으로 트인 역촌이기 때문에 농민군을 집결시키기에 안성맞춤이었다. 삼례에 모인 전봉준 직속의 농민군은 4000여 명에 이르렀다. 이들은 스스로 의병이라 불렀다. 이는 일본의 침략으로 존망의 위기에 떨어진 나라를 구하고자 일어났다는 뜻에서 붙여진 것이었다.

전봉준은 곧 측근인 조준구·송일두·최대봉·문계팔·손세옥·김석원, 그리고 곧 뒤따라 도착한 최경선과 함께 기병에 따른 후속 조치들을 점검했다. 그리고 재차 기병에 참여할 것을 촉구하는 통문을 각 지방에 날렸다. 이리하여 전주·고창·태인·남원·금구·함열·무장·영광·정읍·김제·고부 등지에서 농민군이 벌떼처럼 다시 일어나 투쟁의 횃불을 높이 쳐들었다. 이렇게 다시 일어난 각지의 농민군들은 서울로 향하여 권귀와 일본군을 축출한다는 깃발을 앞세우고 속속 삼례 뜰에 집결했다. 농민군은 다시 전봉준을 대장으로 받들고 손화중과 김덕명에게 총지휘의 임무를 맡겼다. 이것이 갑오 농민 전쟁 '제2차 기병'이다.

초겨울의 날씨는 알맞게 싸늘했고, 구름 한 점 없는 하늘을 찌를 듯이 농민군의 사기는 드높았다. 농민군은 가벼운 걸음으로 여산을 지나 은진을 휘저은 뒤 방향을 틀어 10월 초, 강경포에 이르렀고, 이어 논산 풋개[草浦]에까지 나아가 진을 쳤다. 이 무렵은 농민군 북상의 최대 걸림돌인 최시형의 북접계와 갈등이 해결된 뒤였다. 전봉준은 북접계가 이끄는 농민군을 느긋한 마음으로 기다렸다.

10월 9일, 마침내 북접계 농민군과 합류한 전봉준은 연합된 농민군의 힘을 과시하듯 충청도 감사에게 격문을 띄워 농민군과 협력하여 항일 전선을 공동으로 펼칠

북접계 농민군과 합류한 전봉준은 충청도 감사에게 격문을 띄워 농민군과 협력하여
항일 전선을 공동으로 펼칠 것을 촉구하면서 다시 한번 더 농민군은 일본군을 몰아
내려고 일어났음을 밝혔다. 그러나 일본군의 지휘를 받는 관군의 반응은 냉담했다.
사진은 궁성 및 서울 도성 수비를 맡은 시위대(1895년)

전봉준은 관군과의 일전을 피할 수 없다는 것을 확인하고 농민군을 이끌고 노성을 거쳐 공주가 바라다 보이는 경천에 본진을 두었다. 일본도 사태의 심각성을 깨닫고 거물 정객 이노우에(井上馨)까지 급파하는 등 전투 준비를 서둘렀다. 사진은 일본교 관을 초대하여 훈련을 받는 별기군(1881년)

것을 촉구하면서 다시 한번 더 농민군은 일본군을 몰아내려고 일어났음을 밝혔다. 그러나 일본군의 지휘를 받는 관군의 반응은 냉담했다.

전봉준은 관군과의 일전을 피할 수 없다는 것을 확인하고 농민군을 이끌고 노성을 거쳐 공주가 바라다 보이는 경천에 본진을 두었다. 일본도 사태의 심각성을 깨닫고 거물 정객 이노우에(井上馨)까지 급파하는 등 전투 준비를 서둘렀다.

공주를 방어하고 있는 관군과 일본군의 화력이 막강함을 안 전봉준은 공주를 뚫을 전략과 전술을 곰곰이 검토해 보았다. 공주에 들어가려면 북쪽의 금강을 제외하

일본군이 사용한 무라다 소총

고는 삼면의 가파르고 좁은 고갯길을 통해야 한다. 따라서 공주는 천험의 요새로서 방어하기에는 쉬우나 공격하려면 통상 공격에 필요한 병력보다 훨씬 더 많은 병력이 투입되어야 한다. 전봉준도 이런 공주의 지형 조건과 상대방의 화력을 감안하여 엄청난 군세로서 공주를 완전히 포위하여 일시에 총공격을 퍼붓는 방법 외에는 달리 방법이 없다는 결론에 도달했다.

전봉준은 경천까지 육박한 농민군을 세 방면으로 나누어 공주를 협공하게 했고, 그리고 영동·옥천에서 내려온 농민군은 금강 건너편 대교리에서 공주를 넘보게 했다. 11월 9일, 날이 밝았다. 전봉준의 본진은 우금치를 목표로 진격했다. 터져 나오는 함성과 함께 농민군은 일제히 공격에 나섰다. 이렇게 하여 피에 물든 우금치 전투가 역사에 기록되었으니, 이 날 농민군은 불굴의 투지로 우금치를 공격하였으나 우금치는 쉽게 돌파되지 않았다. 무기의 열세로 빚어진 패배였다. 전봉준은 퇴각을 명하지 않을 수 없었다.

후퇴하는 와중에서도 전봉준은 '동도 창의소'라는 이름으로 11월 12일을 전후하여 경군과 영병 그리고 이교(吏校)와 시민(市民: 시장 사람들, 즉 상인들)들에게 글을 띄워 농민군이 일어난 것은 척왜·척화하여 조선민의 자주·자립을 도모하려는 것이니 이에 연합하여 반침략 투쟁을 벌일 것을 호소했다. 그러나 여전히 반응이 없었다.

논산 남쪽의 황화대(지금은 봉화산)로 집결한 농민군은 여기서도 정부와 일본 연합군의 공격을 받아 다시 남쪽으로 내려갔다. 전주성까지 내려온 전봉준은 농민군을 재정비한 뒤 11월 23일 오후, 전주성을 떠나 금구현 원평으로 내려갔다.

전봉준은 경천까지 육박한 농민군을 세 방면으로 나누어 공주를 협공하게 했고, 그리고 영동·옥천에서 내려온 농민군은 금강 건너편 대교리에서 공주를 넘보게 했다. 사진은 공주와 조치원간을 잇는 나루터(1910년대)의 일본군 수비대.

전봉준의 본진은 우금치를 목표로 진격했다. 터져 나오는 함성과 함께 농민군은 일제히 공격에 나섰다. 이렇게 하여 피에 물든 우금치 전투가 역사에 기록되었으니, 이날 농민군은 불굴의 투지로 우금치를 공격하였으나 우금치는 쉽게 돌파되지 않았다. 무기의 열세로 빚어진 패배였다. 사진은 농민군 포로들.

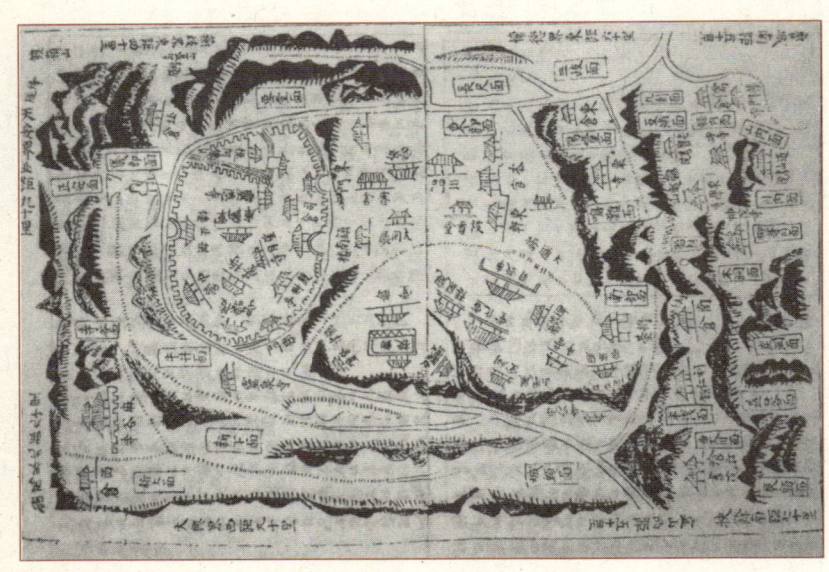

공주에 들어가려면 북쪽의 금강을 제외하고는 삼면의 가파르고 좁은 고갯길을 통해야 한다. 따라서 공주는 천험의 요새로서 방어하기에는 쉬우나 공격하려면 통상 공격에 필요한 병력보다 훨씬 더 많은 병력이 투입되어야 한다. 사진은 공주의 옛지도.

관군은 여기까지 쫓아왔다. 다시 벌어진 접전. 이 때가 11월 25일, 어두워질 때까지 싸웠지만 농민군은 여전히 밀렸다. 원평 전투도 이렇게 막을 내리고 농민군이 퇴각한 곳은 태인. 태인에서도 관군의 공격을 막아내지 못했다. 한번 꺾인 기세는 좀처럼 회복하기 힘든 것이었을까. 급격히 수가 줄고 위축된 농민군으로는 싸우기 힘들다고 본 전봉준은 농민군을 해산시키기로 마음먹었다.

한편 농민군의 기세가 꺾이자 일본군과 관군은 무차별 살육을 감행하여 한반도를 피로 물들여갔다. 이들은 농민군을 진압한다는 구실 아래 무고한 양민까지 닥치는 대로 체포, 학살했으며, 심지어 부녀자를 능욕하거나 마을을 불태워 잿더미로 만드는 것을 즐겼다. 이런 참상에 대하여 오지영은 이렇게 썼다.

"갑오 12월부터는 조선 남방은 관병과 일병의 천지가 되고 말았다. 동리 동리마다 살기가 충천하고 유혈이 가득하였다.…동학군으로서 관병, 일병, 수성군, 민포군에게 당한 참살 광경은 이루 말할 수 없었다. 그 중에서 가장 참혹한 곳이 호남이 제일이었고, 충청도가 그 다음이며 또한 경상, 강원, 경기, 황해 등 여러 도에서도 살해가 많았다. 전후 피해자를 계산하면 무릇 30~40만의 다수에 달하였고 동학군의 재산이라고는 모두 관리의 것이 되었고, 가옥 등 물건은 죄다 불 속에 들어갔으며 기타 부녀자 강탈, 능욕 등은 차마 다 말할 수가 없는 것이었다."

사람으로서 상상할 수 없는 잔혹한 행위였다. 정부와 일본 연합군이 저지른 보복 행위로 삼남 지방은 더욱 얼어붙었다.

공주를 방어하고 있는 관군과 일본군의 화력이 막강함을 안 전봉준은 이런 공주의
지형 조건과 상대방의 화력을 감안하여 엄청난 군세로서 공주를 완전히 포위하여
일시에 총공격을 퍼붓는 방법 외에는 달리 방법이 없다는 결론에 도달했다. 사진은
공주 공산성.

" 운이 다하니 영웅도 어쩔 수 없구나 "

전봉준은 직속 부대에게 다음의 지시를 기다리게 하고 믿을 만한 수하 몇 명만 데리고 잠행에 들어갔다. 재기병의 가능성을 타진하고자 전봉준은 우선 김개남을 찾기로 했다. 가다가 날이 저물었고, 마침 가는 길목인 순창 피노리에는 옛 부하 김경천이 살고 있었다. 전봉준은 반가운 마음으로 그를 찾았다. 그러나 이것이 화근이었을 줄이야. 돈에 눈이 어두운 한 인간의 배신이 이렇게도 역사의 물줄기를 바꿀 수 있을까.

김경천은 전봉준을 반가이 맞는 척 하면서 이웃 사람들에게 알렸다. 사악한 자들이 어둠 속에서 속삭일 동안 전봉준은 잠자리에 들어 잠을 청하고 있었다. 그러나 왠지 잠이 오지 않았다. 죽은 아내의 얼굴이 떠오르는가 하면 우금치에서 쓰러져 간 동료들의 목소리가 들려왔다. 김개남의 안위도 걱정이 되었다. 그도 쫓기고 있는 몸일텐데…. '그러나 우리는 다시 일어나야 해! 전봉준은 그렇게 다짐하며 애써 잠을 청했다. 바로 그 시각, 김경천은 어둠에 몸을 가리고 더욱 교활하게 웃으며 전봉준이 잠들기만을 기다리고 있었다. 역시 전봉준의 목에 걸린 현상금에 현혹된 그의 이웃들도 전봉준이 잠들기만을 기다렸다.

이렇게 하여 전봉준은 어둠 속에서 날아온 수많은 몽둥이 아래 쓰러졌다. 이때가 1894년도 다 저물어가는 12월 2일 밤. 믿었던 부하의 배신으로 마지막 시도마저 수포로 돌아가는 순간이었다.

전봉준은 체포되어 나주 감옥에 이감되었다가 서울로 압송되었다. 비록 압송되

전주성까지 내려온 전봉준은 농민군을 재정비한 뒤 11월 23
일 오후, 전주성을 떠나 금구현 원평으로 내려갔다. 관군은
여기까지 쫓아왔다. 다시 벌어진 접전. 이 때가 11월 25일, 어
두워질 때까지 싸웠지만 농민군은 여전히 밀렸다. 사진은 홍
계훈이 조정에 올린 완산 전투의 보고 문서 〈양호초토등록〉.

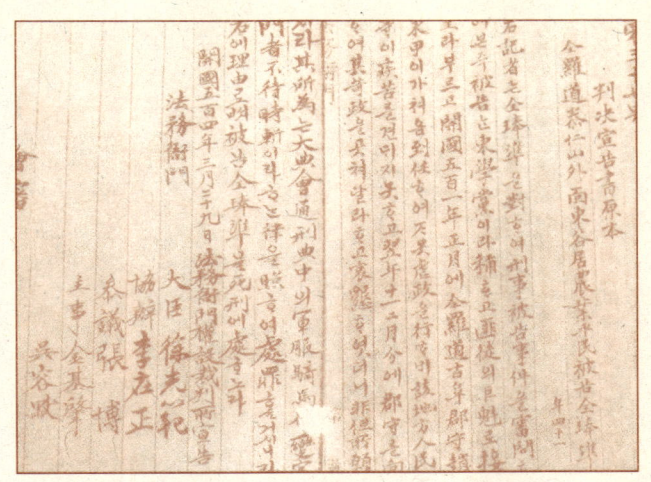

마침내 전봉준은 5차의 신문 끝에 1895년 3월 29일, 사형을
선고받았다. 법무 대신 서광범은 전봉준의 판결문(위)에 서
명했다. 그리하여 전봉준은 한 많은 꿈을 남긴 채 형장으로
끌려갔다.

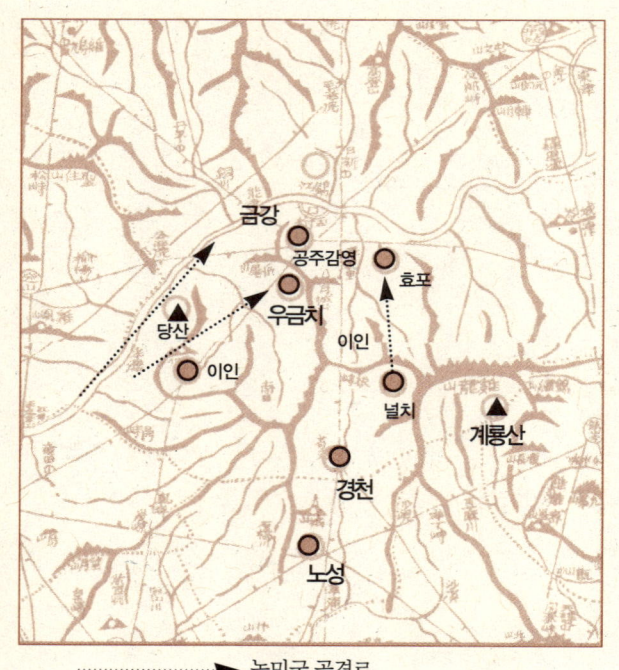

금강

공주감영

효포

우금치

당산

이인

이인

널치

계룡산

경천

노성

·······▶ 농민군 공격로

공주대회전 당시 전봉준 휘하의 농민군 주요 공격로

는 몸일지라도 전봉준의 태도는 조금도 굽힘이 없었다. 지방 관리들에게 모두 '너'라고 하면서 상대했다고 하며, 체포될 때 입은 상처 때문에 구운 대나무의 진액과 인삼을 구해 치료하는 등 매사에 두려움이 없었고, 만약 조금이라도 자신의 뜻에 거슬리면 "내 죄는 나라에 관계되는 것이니 죽게 되면 죽을 뿐이다. 감히 너희들이 나를 함부로 하느냐?"라며 꾸짖었다 한다. 압송하는 사람들도 전봉준의 이런 기세에 눌렸는지 늘 조심스럽게 대했다는 것이다.

서울로 압송된 전봉준은 일본 영사관에 억류되었다. 이곳에 억류된 전봉준에게 유혹의 손길이 뻗어왔다. 살려달라고 하기만 하면 일본으로 데려가 원하는 일은 무엇이라도 들어주겠다는 제의였다. 죽음을 눈앞에 둔 순간에 이런 유혹을 과연 누가 거부할 수 있을까. 지난 역사에서 얼마나 많은 인물들이 이런 유혹에 빠져 대사를 그르치고 스스로 명예를 더럽혔던가. 전봉준도 고민했을까. 그러나 그는 결코 타협하지 않았다. 그와 함께 싸웠던 동지들이 이름도 모르는 들판에 뒹굴고 있는데, 어찌 그 희생을 발판으로 삼을 수 있단 말이더냐. 여기서 타협하면 자신은 일본의 앞잡이가 되어 조선의 인민 대중들을 향해 채찍을 들리라는 것은 너무도 뻔하지 않는가. 전봉준은 죽을 뿐이라고 다짐했다.

마침내 전봉준은 5차의 신문 끝에 1895년 3월 29일, 사형을 선고받았다. 법무 대신 서광범은 전봉준의 판결문에 서명했다. 그리하여 전봉준은 한 많은 꿈을 남긴 채 형장으로 끌려갔다. 그를 아는 사람들로부터 찬사와 안타까움을 한 몸에 받으며….

교수대에 올라갈 때 법관은 전봉준에게 "가족에 대하여 할 말이 있으면 말하라."고 하자, '나는 다른 말은 없다. 나를 죽일진대 종로 네거리에서 목을 베어 오고가는 사람들에게 내 피를 뿌려주는 것이 옳거늘 어찌 컴컴한 적굴 속에서 암연히 죽이느냐?'며 준절히 꾸짖었다고 한다. 최후의 순간까지 굽히지 않았던 전봉준의 모습이었다.

이런 전봉준에 대해 교수형 당시 집행총순(執行總巡)으로 있던 자가 말하길, "나는 전봉준이 처음 잡혀오던 날부터 끝내 형을 받던 날까지 그의 전후 행동을 잘 살펴보았다. 그는 과연 보기 전 풍문으로 듣던 말보다 훨씬 돋보이는 감이 있었다. 그는 외모부터 천인만인 중에 가장 뛰어난 인물이었다. 그는 청수한 얼굴과 정채 있는 미목으로 엄정한 기상과 강장한 심지는 세상을 한번 놀랠 만한 대위인, 대영걸이었다. 과연 그는 평지 돌출로 일어서서 조선의 민중 운동을 대규모적으로 대창작으로 한 자이니 그는 죽을 때까지라도 그의 뜻을 굴치 아니하고 본심 그대로 태연히 간 자이다."라고 했다.

태연히 죽음 앞에 선 전봉준. 그날 전봉준의 가슴에 솟구치는 감회는 한 편의 시가 되어 전해질 뿐이다.

때를 만나서는 하늘도 땅도 힘을 합하더니
운이 다하니 영웅도 어쩔 수 없구나
백성을 사랑하고 정의를 위한 길에 무슨 허물이랴
나를 위한 일편단심 그 누가 알리
時來天地 皆同力
運去英雄 不自謀

"나는 다른 말은 없다. 나를 죽일진대 종로 네거리에서 목을 베어 오고가는 사람들에게 내 피를 뿌려주는 것이 옳거늘 어찌 컴컴한 적굴 속에서 암연히 죽이느냐?"

농민군의 본진이 대패한 공주 우금치 고개

愛民正義 我無失
愛國丹心 誰有知

　전봉준은 그렇게 갔다. 한 편의 시이기보다는 피울음이었던 유시(遺詩)를 남기고 떠난 농민 전쟁의 지도자, 아니 민중의 영원한 지도자 녹두장군 전봉준. 하지만 그는 언제까지나 우리 곁에 떠나지 않고 있다. 민족과 민중의 한이 사라지지 않는 한 영원히 잊을 수 없는 노래가 있기 때문이다.

　새야새야 파랑새야
　녹두밭에 앉지마라
　녹두꽃이 떨어지면
　청포장수 울고간다

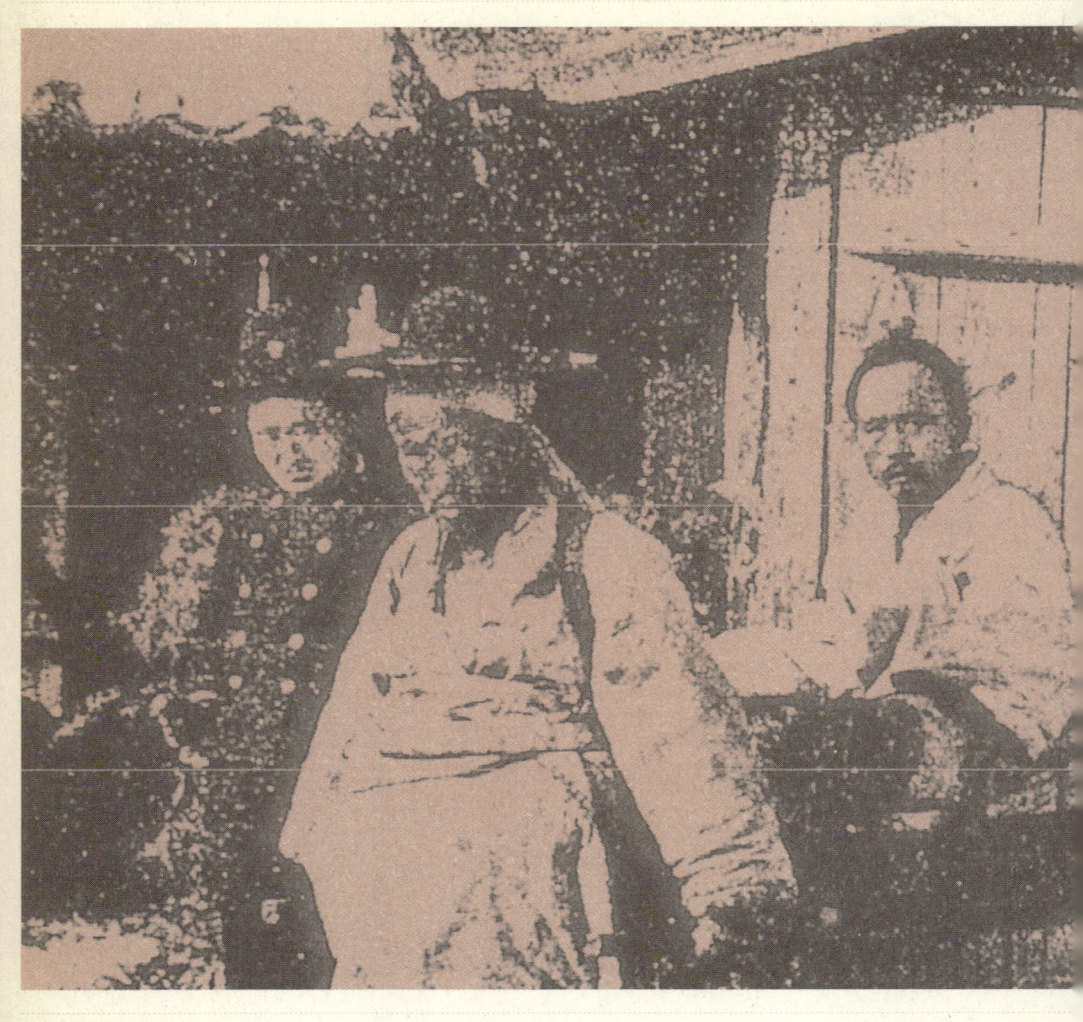

"운이 다하니 영웅도 어쩔 수 없구나"

전봉준의 초상

우리에게도 최고 지도자에게 걸맞은 죽음이 있다!

우리 역사에서 1894년은 특별한 한 해였다. 갑오 농민 전쟁과 청일 전쟁이 일어났고, 집강소를 통한 농민 통치와 정부 주도의 갑오 개혁이 동시에 진행된 그야말로 대격동의 한 해였다. 조선 왕조 500년 동안 이 보다 더 큰 의미를 갖는 한 해도 없을 것이다.

그러나 1894년이 그렇게 중요한 의미를 갖는 것은 그런 일련의 사건들 때문이 아니라 그 때 집권층마저도 방기했던 나라의 위기를 구하고자 농민들이 스스로 일어났기 때문이다. 아무런 권리도 인정받지 못했던 농민들이 갑오 농민 전쟁의 전면에 나서서 낡은 사회를 뜯어고치고 내일에 대한 청사진을 제시했다는 것은 전근대적 신분 질서를 무너뜨리고 새로운 사회 질서를 열어간 것을 의미한다. 곧 갑오 농민 전쟁을 분수령으로 한 시대를 이쪽과 저쪽으로 나눌 수 있다는 것이니, 갑오 농민 전쟁의 역사적 의의란 두 말할 필요가 없을 것이다.

전봉준은 갑오 농민 전쟁과 떼어놓고 생각할 수 없을 정도로 그는 농민 전쟁의 불꽃을 위해 살았고, 또 그 속에서 살다 갔다. 그뿐만 아니라 그가 떠나자 농민 전쟁의 불꽃도 사라졌다. 이 만큼 갑오 농민 전쟁과 하나가 된 인물이 있을까. 그리고 이 땅에 농민 전쟁의 불꽃이 필요할 때면 언제나 부활하여 다시 서지 않았던가. 노래로든, 그밖에 어떤 방식으로든….

불꽃처럼 살다간 전봉준. 흥분과 감동이 정점에 도달한 순간 대단원의 막이 내린 연극처럼 아쉬움과 여운을 남기고 간 전봉준. 그랬기에 여태 그를 잊지 못하는 것이

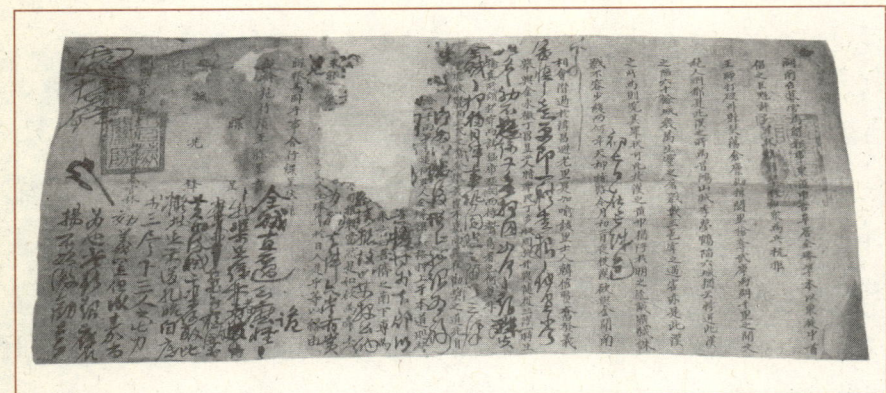

죽음을 피할 수 있는 상황에서 누가 과연 죽음을 택할 수 있을까. 이런 최고 지도자에 걸맞는 죽음이 있었기에 그 뒤 살아남은 농민군들은 의병 대열에 뛰어들어 일본의 침략에 끝까지 맞서 싸울 수 있었던 것이 아닐까?. 사진은 전봉준 체포보고문.

겠으나 그를 더욱 그리워하는 것은 새 세상을 완전히 열지 못했다는 안타까움과, 그럼에도 자신과 함께 싸운 동지들과 다름없이 다가오는 죽음을 피하지 않았다는 감동이 지도자로서의 존경심을 불러일으키기 때문이다.

죽음을 피할 수 있는 상황에서 누가 과연 죽음을 택할 수 있을까. 이런 최고 지도자에 걸맞는 죽음이 있었기에 그 뒤 살아남은 농민군들은 의병 대열에 뛰어들어 일본의 침략에 끝까지 맞서 싸울 수 있었던 것이 아닐까? 그러한 지도자를 맞이했던 농민군은 비록 새 세상을 활짝 열어제치는 대업을 완수하지는 못했다하더라도 누구보다도 행복하고 가슴 뿌듯해 했을지 모른다.

전봉준을 생각할 때마다 그런 느낌이 더욱 드는 것은 지금 우리 사회에 그와 같은 지도자가 참으로 필요하기 때문이 아닐까. 나라를 절망의 구렁텅이로 빠뜨리고 동료들을 죽음에 몰아넣은 정치 지도자들 중에서 한 명이라도 참회의 눈물을 흘리고 죽음을 선택한 적이 있었던가. 지도자는 선택을 하는 사람이고, 그 선택이 결정적으로 잘못되었으면 그 지도자는 물러나야 한다. 그리고 차세대 지도자들을 길러야 한다. 아니 선택을 잘못하지 않았다고 하더라도 자신을 따랐던 수많은 동료들이 사지(死地)로 달려갔다면 전봉준처럼 떳떳하게 죽을 준비를 해야 한다. 그것이 지도자의 덕목이고 품위를 지키는 마지막 방법이다.

전봉준도 죽음과 타협하려고 했을까. 그것을 고민했을까. 그러나 전봉준은 그것을 넘었다. 그리고 자신의 길을 갔다. 나라의 앞날을 걱정하면서…. 그 때 조선을 방문했던 외국인들이 이구동성으로 그랬다던가. "한국인은 지도자를 만나지 못해 나약해지고 끝내 망할지 모른다." 그러나 이 말은 적어도 전봉준과 그의 농민군에게는 통하지 않는다. 그런데 외국인의 눈에도 부패하고 탐학하게 보였던 위정자와 관리들이 청군과 일본군을 불러와 농민군을 살육하고 끝내 전봉준 마저 죽이고 말았으니 너무나 정곡을 찌른 외국인의 관찰에 감탄할 따름이다.

'민란'의 한계를 극복하고

조선은 후기로 오면서 낡은 봉건 체제로는 도저히 감당할 수 없을 만큼 커다란 변화를 겪고 있었다. 능력은 있으나 신분의 벽에 가로막힌 사람들의 울분은 어느 때보다도 높았고, 비록 벼슬길에 올랐다하더라도 최고 권력 집안과 끈이 닿지 않아 더 이상의 기회가 박탈당한 관리들의 절망과 분노 또한 대단했다. 농사짓는 사람들도 마찬가지였다. 영농 기술의 발전과 시장의 확대로 재산을 모은 사람들에게 신분 상승의 길은 막힌 채 관리들의 검은 손이 뻗어왔으니 이들의 불만은 향촌 사회를 불안하게 했다.

그런가 하면 아무리 발버둥쳐보아도 위로 올라갈 수도 재산을 모을 수도 없는 극빈층의 농민들도 예외는 아니었다. 찢어지게 가난한 것도 서러운데 지주들의 가혹한 행패와 아전들의 온갖 악행에 시달리면 몸과 마음은 그야말로 너덜너덜, 가족들을 생각해서 죽지 못해 살 뿐이었다. 여기에 개항까지 겹쳐 외국 상품이 나돌자 그럭저럭 입에 풀칠하던 소규모 수공업자들이 문을 닫고, 어려운 가계 살림에 보태고자 밤잠을 설치던 아녀자들의 일감마저 달아나 버리고 말았으니 뭔가 획기적인 대책이 없는 한 조선 사회에는 엄청난 폭풍이 몰아칠 것 같았다.

그런데도 조정의 분위기는 여전히 사태의 본질을 놓치고 있었다. 낡은 체제가 이미 짐이 되고 있는데도 한쪽에서는 더욱 체제를 강화시켜야 한다고 핏대를 높이는가 하면, 다른 쪽에서는 꼼꼼히 따지지도 않고 서구를 따라가자고 외치고, 이도 저도 아닌 쪽에서는 각각의 장점만 따서 보완하자는 적당주의가 고개를 내미는 가운데 이들은 서로 물고 물리면서 돈과 권력을 챙기는 말기적 현상을 드러내고 있었다.

이런 현실을 보면서 전봉준이 '나 혼자 나선다고 뭐가 되나? 나 살기도 급한데…' 하고 주저앉았다면 우리는 전혀 다른 역사를 가졌을 것이다. 그 때 향촌 지식인의 부류는 크게 두 가지였다. 성리학적 관점으로 세상을 진단하면서 윤리 도덕을 강조하는 전통적 지식인이 그 하나였다면, 체제 운영상의 병폐를 지적하면서 좀더 개혁을 주장하는 진보적 지식인이 다른 하나였다. 하지만 전봉준은 어느 쪽에도 속하지 않는, 두 지식인의 수준으로는 도저히 그 시대의 과제를 해결할 수 없다고 여긴, 좀 특별한 인물이었다. 그렇다면 그의 선택과 대안은 무엇이었을까.

이미 결론을 알고 있는 우리가 여기에 답하는 것은 별로 어렵지 않다. 그도 처음에는 갑신 정변과 같은 위로부터의 가능성을 검토하였던 것으로 보인다. 그러나 그 가능성이 사라지는 순간 그가 주목한 것은 농민들의 잠재력이었고, 이를 거대한 농민 봉기의 불길로 바꾸는 것만이 유일한 대안이라고 결론을 내렸다. 그 때부터 그는 여섯 식구를 부양하는 평범한 가장이 아니라 동지들을 규합하고 조직을 확대하느라 필요한 곳이면 어디든 마다하지 않고 다녔다.

이 무렵 그는 동학 조직으로부터 결당의 가능성을 발견하고 상당히 고무되었을 것이다. 이어 고부 접주가 되어 일차적으로 주민들과의 결속을 다지는 가운데, 그가 주도한 일은 바로 척왜양 운동이었다. 서울을 비롯한 삼남 지방에서 일어난 척왜양 운동은 그 때까지 농민 봉기와는 전혀 다른 새로운 형태의 투쟁이었고, 다음 해 갑오 농민 전쟁으로 발전하는 디딤돌이 되었다.

흔히들 '민란'이라고 불렸던 농민 봉기는 면이나 군 경계를 넘지 않았고 그것도 짧은 시간 안에 끝나버리고 마는, 말하자면 조직을 이끌 지도부도 없었고 봉건 체제를 대체할만한 이념적 장치도 부족한 것이 사실이었다.

전봉준이라고 이런 한계를 몰랐을 리는 없다. '침략하는 외세와 맞서 싸우고 낡은 통치 체제를 대대적으로 바꾸려면 지난 날 농민 봉기의 형태로는 어림없을 것이다.' '그렇다면 그 한계들을 한꺼번에 극복할 수 있는 방법은 무엇일까.' 그가 조소 마을 집에서 묵묵히 생각에 잠겼다는 것은 바로 이런 고민들을 해결하려는 그의 모습이 아니었을까.

이런 고민 끝에 결실을 본 척왜양 운동은 '민란'의 차원과는 분명 달랐다. 동학 조직의 광역성을 매개로 하여 '민란'의 국지성을 벗어나 전국적 집회의 성격을 띠었고, 지방 수령보다는 중앙의 정치권을 겨냥하였으며, 외세를 축출하려는 데까지 나아가 있었다. 더구나 보은에서 열린 척왜양 운동에서는 '민회'라는 서구의 의회 제도에 대한 인식을 보여주었고, 이를 통해 집회의 정당성을 주장하기에 이르렀다.

'민회' 의 정당성을 거론했다는 것은 이 무렵 전봉준을 비롯한 주모자급의 정치적 안목이 예상 밖으로 앞서 있었다는 것을 말해준다.

그 는 왜 농 민 전 쟁 을 주 도 했 을 까 ?

결국 갑오 농민 전쟁은 이러한 움직임의 총체적 결산으로서 1894년에 일어났다. 갑오 농민 전쟁이 일어나게 된 요인은 여러 가지 있을 것이다. 연구자에 따라서 사회·경제적 요인을 먼저 거론하기도 하고, 19세기 내내 꾸준히 진행된 농민 봉기와 농민들의 자각을 중요하게 여기기도 한다. 또 동학 사상과 동학 조직의 기여에 남다른 애착을 보이기도 한다. 그러나 위대한 장인처럼 이러한 모든 '재료' 를 엄선하고 다듬어 불후의 명작을 만들어내는 한 인간의 활동을 빠뜨려서는 안 된다.

갑오 농민 전쟁에는 전봉준이란 한 인간의 집념이 배어 있다. 사십 평생을 갑오 농민 전쟁만을 향해 뛰었다 해도 지나치지 않을 이 사내, 농사를 천직으로 삼지도 않았고, 직접 수탈을 당한 농민도 아니면서 왜 그는 농민 전쟁에 뛰어들었을까. 그의 공초 기록을 보자.

문: 너는 피해가 없었다고 하는데 무엇 때문에 일어났느냐?

공: 내 몸의 피해 때문에 일어나는 것이 어찌 남아 대장부의 할 일이겠는가? 민중이 억울해 하고 한탄하기 때문에 그 폐해를 없애고자 함이었다.

일신상의 동기가 아니라 민중이 고통받는 현실 때문이었다. 그것도 너무나 부당하고 가혹한 현실이었다. 이것이 농민 전쟁에 뛰어든 이유였다면 전봉준의 생각은 마땅히 이런 현실이 유래하게 된 근본적인 요인, 곧 체제상의 문제점에까지 미쳤을 것이다.

"도대체 수많은 민중의 고통을 외면하고 있는 이 사회의 근원적 문제점은 무엇일까?"

"왜 원하지 않는 삶을 살면서도 그 삶을 거부하지 못하는 것일까?"

"이 사회의 가장 큰 질곡은 무엇일까?"

이러한 의문으로 밤잠을 설쳤을 전봉준이 봉건적 토지 소유제와 차별적 신분제가 조선 사회를 떠받치고 있는 낡은 두 기둥이라는 사실을 발견하는 것은 그리 어렵지 않았을 것이다. 그러나 안타깝게도 그에 대해 전봉준이 자신의 생각을 체계적으로 정리한 문건은 아직 없다. 따라서 이 문제에 대해 전봉준이 어떤 견해를 갖고 있었는지 확인할 길이 없다. 이를테면 '인간은 선천적으로 차등이 없고 평등하다. 인간의 능력과 활동에 대해 사회적으로든 경제적으로든 부당하게 차별 받아서는 안 된다'라고 주장했을 법하건만 그렇게 볼 증거 자료는 없다는 말이다. 그렇다고 그가 어떠한 생각, 곧 새로운 사회에 대해 어떠한 견해를 갖고 있었는지 추적할 수 있는 주변 자료가 전혀 없는 것도 아니다.

집강소 통치기에 보여준 폐정 개혁안들(부록 자료 참고)을 보자. 이는 세 가지의 핵심 내용으로 압축된다. 하나는 봉건적 토지 소유의 불평등을 제거하는 것, 둘은 차별적 신분제를 철폐하는 것, 셋은 부패한 위정자와 탐관오리를 축출하려는 것이다. 이 폐정 개혁안들은 농민들의 요구 사항이면서 역시 평소 전봉준의 견해를 반영한 것이라 생각된다. 그리고 이러한 폐정 개혁이 농민들의 힘으로 실현되고 있었다는 점에서 사회 개혁의 강도는 대단히 높았을 것이다.

전 봉 준 의   가 슴 속 에 는   …

전봉준은 농민 전쟁이 성공했을 때 어떠한 나라와 정부를 세울 것인가에 대한 밑그림도 그렸을 것이다. 물론 이것은 농민 전쟁의 실패로 말미암아 빛을 보지 못했지만 조선의 미래와 직결된다는 점에서 간과할 수 없는 내용임에 틀림없다.

"네(전봉준-인용자)가 경성에 쳐들어온 후 누구를 추대할 생각이었는가."라고 묻자 (전봉준은) "일본병을 물러나게 하고 악간(惡奸)의 관리를 축출해서 임금 곁을 깨끗이 한 후에는 몇 사람 주석(柱石)의 선비를 내세워서 정치를 하게 하고 우리들은 곧장 농촌에 들어가 상직(常職)인 농업에 종사할 생각이었다. 하지만 국사를 들어 한 사람의 세력가에게 맡기는 것은 크게 폐해가 있는 것을 알기 때문에 몇 사람의 명사에게 협합(協合)해서 합의법에 의해서 정치를 담당하게 할 생각이었다.”고 대답하였다(1895년 3월 6일자 〈동경 조일신문〉 게재, 1988년 9월호 〈사회와 사상〉 번역 게재).

이 때 합의법이란 농민 세력이 중심이 되어 여러 정치 세력이 협력하여 만든 새로운 법일 것이고, 이 법에 따라 농민의 대표성이 인정되는 몇 명의 명사가 정치를 담당—농민적 집단 지도 체제 혹은 연립 정부(?)—하여 과거 한 두 명의 세도가가 제멋대로 자행하던 정치 운영을 막아보겠다는 구상이었다. 여기에다 위에서 살펴본 '민회'의 형태로 민의를 반영하게 된다면 오늘날 민주주의 정치 운영과 유사한 모습이었을 것이다.

군주제에 관한 전봉준의 구상은 어떠했을까. 그가 부패한 관리들을 축출하여 임금 곁을 깨끗이 하겠다는 것으로 보아 군주제는 부정되지 않았다. 그러나 그가 농민 전쟁 기간 중에 보여준 행적을 보면 그는 전통적인 군주관을 갖고 있었다고는 생각되지 않는다. 그의 진술을 다시 검토하면 실제 권력의 중심은 협합 정치 쪽에 두었다는 점이 분명해진다. 그렇다면 군주는 상징적 존재에 지나지 않았을 것이다.

전봉준의 정치 구상에서 민중의 정치 참여는 어느 수준이었을까. 전봉준이 정치를 맡기겠다는 '주석의 선비'와 '몇 명의 명사'는 민중으로부터 지지를 받는 인사

이어야 했을 것이다. 여기에다 집강소 통치 시기부터 존중되었던 '관민상화(官民相和)'의 원칙과 보은 집회의 '민회'를 고려한다면 민중의 정치 참여도는 꽤 높았을 것이다. 게다가 등용되는 관료들이 지난날의 신분 기준이 아닌 인재 중심으로 선발된다면 참여도는 예상보다 더 높을 수 있다. 차별적인 신분제를 거부한 이상 민중의 정치 참여를 막을 이유가 있었을까.

전봉준의 이러한 정치 구상은 가까이는 정약용과 같은 실학자의 영향을 받으면서, 멀리는 서구의 정치 제도를 살피면서 가다듬어졌을 것이다. 그러나 그는 조선의 민중이었고, 그 속에서 자신의 구상을 구체화하였다는 점을 놓쳐서는 안 된다. 조선 후기 사회가 분출하고 있던 거대한 힘을 온 몸으로 느꼈고, 그랬기에 또 다른 형태로 구현하고자 한 전봉준. 전라도 고부에서 태어나 당촌에서 유소년기를 보낸, 5척 단신의 조그만 이 사내가 꿈꾼 것은 여태 조선에서 한번도 본 적이 없는, 조선 사회의 가슴을 절개하고 병든 심장을 도려내는 어마어마한 작업이었다. 이 작지만 당돌한 사내의 가슴속에 들어있는 것은 분명 사회 혁명이었다.

그러나 조선은 그 사회 혁명을 거부했고, 전봉준은 패배했다. 그렇다면 전봉준, 그리고 갑오 농민 전쟁은 과연 실패한 것일까. 공주 우금치 전투에서의 패전과 전봉준의 죽음으로 외형상 실패했지만 그것이 끝이 아니었다. 수술 받기를 거부한 지배층 또한 변하지 않을 수 없었다. 갑오 개혁을 시작으로 개혁―비록 실효가 없는 개혁일지라도―의 물결이 일어나지 않으면 통치의 정당성마저도 위협받았다.

그러나 무엇보다도 중요한 것은 사회 인식의 변화였다. 농민 통치를 통해 농민들 자신은 수탈의 대상이 아니라 스스로 역사의 주인이 될 수 있다는 깨달음을 얻었다는 점이다. 이는 놀라운 변화였고, 농민 전쟁이 거둔 가장 큰 수확이었다. 그런 의미에서 전봉준과 갑오 농민 전쟁은 우리에게 너무나 큰 것을 남겨주었다. 그리하여 조선은 어느덧 근대 사회로의 발걸음을 성큼성큼 옮길 수 있었다. 물론 맨 앞장 선 전봉준과 함께….

부록

자료

『고종 순종 실록(高宗純宗實錄)』, 국사편찬위원회

『일성록(日省錄)』, 고종 편, 서울대 고전간행회

『승정원 일기(承政院日記)』, 고종 편, 국사편찬위원회

『비변사 등록(備邊司謄錄)』, 28, 국사편찬위원회

『일본 외교 문서-한국 편』, 태동문화사

『주한 일본 공사관 기록』 1-28, 국사편찬위원회

『동학란 기록(東學亂記錄)』 상 · 하, 국사편찬위원회, 1959

『공산 초비기(公山剿匪記)』

『시천교종역사(侍天敎宗繹史)』, 시천교본부, 1915

『천도교서(天道敎書)』, 천도교, 1920

『동학 사상 자료집』 1 · 2 · 3, 아세아문화사, 1979

황현(黃玹), 『오하기문(梧下記聞)』 7책
　　　　　『매천야록(梅泉野錄)』, 국사편찬위원회, 1955

김성규(金星圭), 『草亭集』

김재홍(金在洪), 『영상일기(嶺上日記)』

이병도(李炳燾), 『겸산유고(謙山遺稿)』

이철영(李喆榮), 『성암집(醒菴集)』

오지영(吳知泳), 『동학사(東學史)』, 영창서관, 1940,

정교(鄭喬), 『대한 계년사(大韓季年史)』, 우종사, 1957

김윤식(金允植), 『속음청사(續陰晴史)』 상 · 하, 국사편찬위원회, 1960

동학농민전쟁백주년기념사업추진위원회 편, 『동학 농민 전쟁 사료 총서』(총30권), 사운연구소, 1996년

유태홍, 최병현, 『남원군 동학사』, 1924

연구 저서, 단행본

장도빈, 『갑오 동학란과 전봉준』, 덕흥서림, 1926

장도빈, 『대원군과 명성 황후』, 덕흥서림, 1927

陸奧宗光, 『건건록(蹇蹇錄)』, 이와나미문고, 岩波書店, 1929

　　　　　『건건록』, 김태욱 옮김, 명륜당, 1988

田保橋潔, 『근대 일지선(日支鮮) 관계의 연구』, 경성 제국대 법문학부 연구 조사 책자 3집, 1930

김종대, 『조선 4천년 비사』, 북성당서점, 1934

村山智順, 『조선의 유사 종교』, 조선총독부 중추원, 1935

菊池謙讓, 『근대 조선사상 · 하』, 계명사, 1939

田保橋潔, 『근대 일선(日鮮) 관계의 연구』, 조선총독부 중추원, 1940

김상기, 『동학과 동학란』, 대성출판사, 1947

최익한, 『실학파와 정다산』, 1955(1989년 청년사에서 재간행)

姜在彦, 『조선 근대사 연구』, 日本評論社, 1970

한우근, 『동학란 기인에 관한 연구』, 서울대 한국문화연구소, 1971

김의환, 『전봉준 전기』, 박영문고, 1974

金榮作, 『한말 내쇼날리즘의 연구』, 동경대 출판회, 1975

동학사상연구소 편, 『동학 혁명』, 동학사상연구소, 1979

朴宗根, 『일청 전쟁과 조선』, 靑木서점, 1982

신복룡, 『전봉준의 생애와 사상』, 양영각, 1982

山健太郎, 『한국 근대사』, 까치, 1982

최현식, 『갑오 동학 혁명사』, 향토문화사, 1983

한우근, 『동학과 농민 봉기』, 일조각, 1983

신일철 외, 『동학 사상과 동학 혁명』, 청아출판사, 1984

망원한국사연구실, 『1862년 농민 항쟁』, 동녘, 1988

한국역사연구회, 『조선 정치사 1800~1863 상 · 하』, 청년사, 1990

사회과학원 역사연구소 편, 『김옥균』, 역사비평사(재간행), 1990

한국역사연구회, 『1894년 농민 전쟁 연구 1~5』, 역사비평사

동학농민전쟁백주년기념사업추진위원회, 『동학 농민 전쟁 연구 자료집 1』, 여강출판사, 1991

우윤, 『전봉준과 갑오 농민 전쟁』, 창작과비평사, 1993

동학농민혁명기업사업회 편, 『동학 농민 혁명과 사회 변동』, 한울, 1993

신용하, 『동학과 갑오 농민 전쟁 연구』, 일조각, 1993

조동걸, 『한국 민족주의의 발전과 독립 운동사 연구』, 지식산업사, 1993

이이화, 『동학 농민 전쟁 인물 열전』, 한겨레신문사, 1994

역사학연구소, 『농민 전쟁 100년의 인식과 쟁점』, 거름, 1994

동학농민혁명백주년기념사업단체협의회, 『동학 농민 혁명 백주년 기념 사업 백서』, 1995

동학농민혁명기념사업회, 『동학 농민 혁명의 지역적 전개와 사회 변동』, 새길, 1995

김양식, 『근대 한국의 사회 변동과 농민 전쟁』, 신서원, 1996

김운태, 『일본 제국주의의 한국 통치』, 박영사, 1986

조경달, 『異端の 民衆反亂』, 岩波書店, 1998

신순철 외, 『전라도 고창 지역의 동학 농민 혁명』, 고창문화원, 1998

동학농민혁명기념사업회, 『동학 농민 혁명 정신 선양 사업 기본 계획서』, 전라북도, 1999

동학농민혁명기념사업회, 『고창 동학 농민 혁명 기념 사업 기본 계획』, 고창군, 2000

김재승, 『한국 근대 해군 창설사』, 혜안, 2000

배항섭, 『조선 후기 민중 운동과 동학 농민 전쟁의 발발』, 경인문화사, 2002

논문

菊池謙讓, 「일청 전쟁과 대원군」, 『한국 최근 외교사-대원군 전』, 日韓書房, 1910

朴殷植, 「갑오 동학지란」, 『한국통사(韓國痛史)』, 대동 편역국, 1915

황의돈, 「민중적 규호의 제일성」, 〈개벽〉 1922년 4월 · 5월 호, 1922

信夫淸三郎, 「동학당의 난」, 『陸奧외교-일청 전쟁의 외교사적 연구』, 叢文閣, 1935

菊池謙讓 · 田內蘇山, 「동학당의 전란-옥중의 전봉준」, 『近代朝鮮裏面史』, 조선연구회, 1936

장본선, 「전봉준 실기」, 『정읍군지』, 이로재, 1936

菊池謙讓, 「동학당의 난」, 『근대 조선사』, 하권, 계명사, 1939

田保橋潔, 「동학 변란」, 『근대 일선 관계의 연구』, 조선총독부중추원, 1940

石井壽夫, 「교조 최제우에 있어서 동학 사상의 역사적 전개」, 〈歷史學硏究〉 11-1, 1941

金州府 편, 「동학의 변란과 전주」, 『全州府史』, 전주부, 1943

전석담, 「이조 봉건 사회의 총결로서의 동학 농민란」, 『조선 경제사』, 박문출판국, 1949

朴慶植, 「개국과 갑오 농민 전쟁」, 〈역사학 연구〉 특집호, 조선사의 제문제, 1953

김용섭, 「동학란 연구론」, 〈역사 교육〉 3, 1958

김용섭, 「전봉준 공초의 분석」, 〈사학 연구〉 2, 1958

오길보, 「갑오 농민 전쟁과 동학」, 〈력사 과학〉 3, 1959

朴宗根, 「동학과 1894년(甲午)의 농민 전쟁에 대하여」, 〈역사학 연구〉 269, 1962

박종근, 「갑오 농민 전쟁에 있어서 전주 화약과 폐정 개혁안」, 〈역사 평론〉 140, 1962

이상백, 「동학당과 대원군」, 〈역사학보〉 17 · 18, 1962

김용덕, 「북학 사상과 동학」, 〈사학 연구〉 16, 1963

김용덕, 「동학 사상 연구」, 〈중앙대 논문집〉 9, 1964

한우근, 「동학군의 폐정 개혁안 검토」, 〈역사학보〉 23, 1964

한우근, 「동학란 기인에 관한 연구-특히 일본의 경제적 침투와 관련하여」, 〈아세아 연구〉 15 · 16, 1964

오길보, 「1894년~1895년(갑오) 농민 전쟁의 성격에 대하여」, 〈력사 과학〉 3, 1964

한우근, 「동학군에 대한 일인의 방조설 검토」, 〈동방학지〉 8, 1967

梶村秀樹, 「李朝 末期 朝鮮의 纖維 製品의 生產 および 流通 狀況」, 〈東洋文化硏究所紀要〉 46, 1968

한우근, 「동학 사상의 본질」, 〈동방학지〉 10, 1969

한우근, 「동양의 리더쉽」, 〈백산학보〉 8, 1970

한우근, 「동학 농민군의 제1차 봉기」, 『한국사』 17, 국사편찬위원회, 1973

한우근, 「동학 농민군의 제2차 봉기」, 『한국사』 17, 1973

김용덕, 「격문을 통해 본 전봉준의 혁명 사상」, 〈나라 사랑〉 15, 외솔회, 1974

김의환, 「갑오동학농민항쟁과 남·북접 문제」, 〈나라 사랑〉 15, 1974

김용덕, 「동학군의 조직에 대하여」, 〈한국 사상〉 12, 한국사상연구회, 1974

김의환, 「전주 화약과 집강소」, 〈한국 사상〉 12, 1974

橫川正夫, 「전봉준에 대한 일 고찰」, 〈조선사 연구회 논문집〉 13, 龍溪書舍, 1976

馬淵貞利, 「갑오 농민 전쟁의 역사적 위치」, 〈조선 역사론집〉 하권, 龍溪書舍, 1979

瀨古邦子, 「갑오 농민 전쟁에 있어서 집강소에 대하여」, 〈조선사 연구회 논문집〉 16, 1979

강재언, 「봉건 체제 해체기의 갑오 농민 전쟁」, 『한국 근대 민족 운동사』, 돌베개, 1980

사회과학원 역사연구소, 「1894년(갑오) 농민 전쟁」, 『조선전사』 13, 1980

정창렬, 「동학과 농민 전쟁」, 『한국사 연구 입문』, 지식산업사, 1981

정창렬, 「동학과 동학란」, 『한국사 연구 입문』, 지식산업사, 1981

우윤, 「동학 민중 운동의 역사적 방향성과 동태적 요인 분석」, 연세대 석사 학위 논문, 1981

趙景達, 「갑오 농민 전쟁 지도자-전봉준의 연구」, 〈朝鮮史叢〉 7, 1983

홍성찬, 「1894년 집강소기 設包下의 향촌 사정」, 〈동방학지〉 39, 1983

조경달, 「갑오 농민 전쟁의 역사적 성격」, 『한국 근대 정치사 연구』, 사계절, 1985

박찬승, 「동학 농민 전쟁의 사회·경제적 지향」, 『한국 민족주의론』 3, 창작과비평사, 1985

정창렬, 「고부 민란의 연구」 상·하, 〈한국사 연구〉 48, 49, 1985

신용하, 「갑오 농민 전쟁의 제1차 농민 전쟁」, 〈한국학보〉 40, 1985

신용하, 「갑오 농민 전쟁 시기의 농민 집강소 설치」, 〈한국학보〉 41, 1985

신용하, 「갑오 농민 전쟁 시기의 농민 집강소 활동」, 〈한국 문화〉 6, 서울대한국문화연구소, 1985

신용하, 「갑오 농민 전쟁의 주체 세력과 사회 신분」, 〈한국사 연구〉 50·51, 1985

정창렬, 「갑오 농민 전쟁과 갑오 개혁」, 『한국사 연구 입문』 2판, 지식산업사, 1987

안병욱, 「갑오 농민 전쟁의 성격과 연구 현황」, 『한국 근현대사 연구 입문』, 역사비평사, 1988

강창일, 「천우협과 '조선 문제'」, 〈사학 잡지〉 97편 8호, 1988

우윤, 「19세기 민중운동과 민중사상」, 〈역사 비평〉 1988년 봄호, 역사비평사, 1988

우윤, 「동학 농민 전쟁의 진원지를 찾아서」, 〈역사 비평〉 1988년 여름호, 1988

이이화, 「전봉준과 동학 농민 전쟁」, 〈역사 비평〉 7~10, 1989~1990

정창렬, 「갑오 농민 전쟁 연구」, 연세대 박사 학위 논문, 1991

신영우, 「갑오 농민 전쟁과 영남 보수 세력의 대응」, 연세대 박사 학위 논문, 1991

조민, 「한국 근대 변혁 운동의 정치 사상」, 고려대 박사 학위 논문, 1991

정진상, 「갑오 농민 전쟁에 관한 사회적 연구」, 서울대 박사 학위 논문, 1991

우윤, 「동학 사상의 정치 · 사회적 성격」, 『1894년 농민 전쟁 연구』 3, 역사비평사, 1993

우윤, 「갑오 농민 전쟁의 최고 지도자 전봉준」, 『근현대사 강좌』, 한울, 1994

송정수, 「전봉준의 가계와 출생지에 대한 연구」, 〈조선시대사학보〉 12, 조선시대사학회, 2000. 3

제1차 기병 때 창의문

창 의 문

세상에서 사람을 가장 귀하다고 여기는 것은 인륜이라는 것이 있기 때문이다. 군신 부자는 인륜의 가장 큰 것이다. 인군(人君)이 어질고 신하가 곧으며 아비가 사랑하고 아들이 효도한 후에야 나라가 무강의 역(域)에 미쳐 가는 것이다. 지금 우리 성상은 어질고 효성스럽고 자상하고 자애하며 정신이 밝아 총명하고 지혜가 있으니 현량하고 방정한 신하가 있어서 그 총명을 보좌한다면 요순의 덕화와 문경의 다스림을 가히 바랄 수 있으리라. 그러나 오늘의 신하된 자들은 보국을 생각하지 아니하고 한갓 녹위만 도적질하여 총명을 가리고 아부와 아첨만을 일삼아 충성되이 간하는 말을 요언이라 이르고 정직한 사람을 비도라 하여 안으로는 보국의 인재가 없고 밖으로는 백성을 탐학하는 관리가 많도다. 인민의 마음은 날로 변하여 생업을 즐길 수 없고 나아가 몸을 보존할 계책이 없다. 학정이 날로 심하고 원성은 그치지 아니하니 군신의 의리(義理)와 부자의 윤리와 상하의 명분은 무너지고 말았다. 관자가 말하길 '사유(四維)가 펴지지 못하면 나라가 멸망하고 만다'고 했는데 오늘의 형세는 옛날보다 더욱 심하다. 공경부터 방백수령까지 모두 국가의 위태로움은 생각지 아니하고 한갓 자신을 살찌우는 것과 가문을 빛내는 데에만 급급하여 사람 선발하는 문을 돈벌이로 볼 뿐이며, 응시의 장소를 물건을 사고 파는 시장으로 만들었다. 허다한 돈과 뇌물은 국고로 들어가지 않고 도리어 개인의 배만 채우고 있다. 국가에는 누적된 빚이 있으나 갚을 생각은 아니하고 교만과 사치와 음란과 더러운 일만을 거리낌없이 자행하니 8도는 어육이 되고 만민은 도탄에 빠졌다. 수재(守宰)의 탐학에 백성이 어찌 곤궁치 아니하랴. 백성은 나라의 근본이

라. 근본이 쇠잔하면 나라도 망하는 것이다. 보국안민의 방책은 생각하지 아니하고 밖으로는 향제(鄕第)를 설치하여 오로지 제 몸만을 위하고 부질없이 국록만을 도적질하는 것이 어찌 옳은 일이라 하겠는가. 우리는 비록 초야의 유민이지만 임금의 토지를 부쳐먹고 임금의 옷을 입고 사니 어찌 국가의 존망을 앉아서 보기만 하겠는가. 8도가 마음을 합하고 수많은 백성이 뜻을 모아 이제 의로운 깃발을 들어 보국안민으로써 사생의 맹세를 하노니, 금일의 광경은 비록 놀랄 만한 일이기는 하나 경동(輕動)하지 말고 각자 그 생업에 편안히 하여 함께 태평 세월을 빌고 임금의 덕화(德化)를 누리게 되면 천만다행이겠노라.

갑오 3월   일
호남 창의소
전봉준
손화중
김개남

제1차 기병 때 격문

우리가 의를 들어 이에 이름은 그 본의가 결코 다른 데에 있지 아니하고 창생을 도탄 속에서 건지고 국가를 반석 위에다 두고자 함이다. 안으로는 탐학한 관리의 머리를 베고 밖으로는 횡포한 강적의 무리를 구축하고자 함이다. 양반과 부호 앞에서 고통을 받는 민중들과, 방백과 수령 밑에서 굴욕을 받는 소리(小吏)들은 우리와 같이 원한이 깊은 자라 조금도 주저하지 말고 이 시각으로 일어서라. 만일 기회를 잃으면 후회하여도 돌이키지 못하리라.

갑오 3월 일
호남 창의대장소 재백산

제2차 기병 때 관군에 대한 격문

충청도 관찰사에게 항일 공동 전선을 촉구한 격문

양호 창의 영수 전봉준은 호서 순상 각하에게 글을 올린다. 천지간에 사람은 강기(綱紀)가 있어 만물의 영장이라고 일컫는 것이니 거짓말하고 마음을 속이는 자는 사람이라 할 수 없을 것이다. 하물며 지금의 국란에 당하여 어찌 감히 외칙내유(外飭內誘)로써 밝은 하늘 아래 일순간이라도 명을 보존하고자 할 수 있단 말인가. 일본의 침략자들이 군대를 움직여 우리 임금을 핍박하고 우리 백성을 근심케 하니 어찌 참을 수 있겠는가.

옛날 임진왜란 때 왜구가 쳐들어와 궁궐을 불태우고 군친을 욕보이고 백성을 살육했으니 모두가 분개하여 천고에 잊을 수 없는 한이 되었다. 초야에 있는 필부나 어린 아이까지도 아직도 그 울분을 감추지 못하고 있는데 하물며 각하는 정부에 녹을 먹는 충신으로서 우리 평민보다 몇 배나 더하지 않겠는가. 지금 조정 대신들은 망령되이 구차하게 자신의 안위에만 급급하여 위로는 군부(君父)를 위협하고 아래로는 백성을 속여 일본군과 손을 잡아 삼남의 인민들에게 원한을 불러오고 임금의 군사를 움직여 선왕의 힘없는 백성들을 해치고자 하니 진실로 어떠한 뜻이며 무엇을 하려는 것인가.

지금 내가 하려는 일은 지극히 어려운 일인 줄 알고 있으나 일편단심으로 죽음을 각오하고 나라의 신하로서 두 마음을 품은 자들을 소탕하여 조선 5백년의 은혜에 보답코자 하니 각하는 크게 반성하여 의(義)로써 같이 죽는다면 천만다행이겠노라.

갑오 10월 16일 논산에서 올림

이교(吏校)와 시민(市民: 상인들)들에게 보낸 고시문[告示 京軍與營兵吏校市民]

무타(無他)라 일본과 조선이 개국 이후로 비록 인방(隣邦)이나 누대 적국이더니 성상의 인후하심을 힘입어 삼항을 허개하여 통상 이후 갑신 시월의 사흉이 협적하여 군부의 위태함이 조석에 있더니 종사의 흥복으로 간당을 소멸하고 금년 시월에 개화 간당이 왜국을 체결하여 승야 입경하여 군부를 핍박하고 국권을 천자(擅恣)하며 우황(又况) 방백수령이 다 개화중 소속으로 인민을 무휼하지 아니하고 살육을 좋아하며 생령을 도탄함에 이제 우리 동도가 의병을 들어 왜적을 소멸하고 개화를 제어하며 조정을 청평하고 사직을 압보할 새 매양 의병 이르는 곳의 병정과 군교가 의리를 생각지 아니하고 나와 접전함에 비록 승패는 없으나 인명이 피차에 상하니 어찌 불상치 아니하리요. 기실은 조선끼리 상전하자는 바 아니거늘 이렇게 골육상전하니 어찌 애닲지 아니하리요. 또한 공주, 한밭 일로 논한다 하여도 비록 봄 사이의 보원(報怨)한 것이라 하나 일이 참혹하여 후회 막급이며 방금 대군이 서울을 누르고 있어 팔방이 흉흉한데 편벽되이 상전만 하면 가위 골육상전이라. 일변 생각컨대 조선사람끼리라도 도(道)는 다르나 척왜 척화(斥倭斥和)의 뜻은 일반이라. 두어자 글로 의혹을 풀어 알게 하노니 각기 돌려보고 충군우국지심이 있거든 곧 의리로 돌아오면 상의하여 같이 척왜 척화하여 조선으로 왜국이 되지 않게 하고 동심 합력하여 대사를 이루게 하올세라.

갑오 십일월 십이일 동도 창의소

집강소 통치기의 폐정 개혁안

전 봉 준 판 결 문 속 의 폐 정 개 혁 안

1. 전운행소(田運行所)를 혁파할 것
2. 국결(國結)을 가하지 말 것
3. 보부상의 작폐를 금지시킬 것
4. 도(道) 안의 환전은 옛 감사가 이미 거두어 갔으므로 민간에 다시 징수하지 말 것
5. 대동미를 바치기 전에는 각 포구에서 잠상들의 쌀 매매를 금지시킬 것
6. 동포전(洞布錢)은 매 호마다 봄 · 가을 2량씩으로 정할 것
7. 탐관오리를 파면시킬 것
8. 위로 임금의 총명을 가리고 매관매직을 일삼으며 국권을 농락하는 자들은 모두 쫓아낼 것
9. 관장(官長)이 된 자는 그 관할 지역에 묘지를 쓸 수 없게 하며 또한 논도 사지 못하게 할 것
10. 전세(田稅)는 전례에 따를 것
11. 집집에 부과하는 잡역을 줄일 것
12. 포구의 어염세를 혁파할 것
13. 보세(洑稅) 및 궁방전을 폐지할 것
14. 각 고을의 수령들이 민간 소유의 산지에 와서 늑표(勒票)하고 투장(偸葬)하지 못하게 할 것

양호순변사 이원회에게 요구한 원정(原情 : 폐정 개혁안) 14개 조

1. 군(軍)·환(還)·세(稅) 삼정을 통편례에 의하여 준행할 것
2. 진고(賑庫)는 곧 한 도(道) 안의 인민의 피와 땀이니 혁파할 것
3. 전보(電報)는 민간에게 폐가 많으니 혁파할 것
4. 연육(沿陸)의 각각 신설 세전은 모두 혁파할 것
5. 환미(還米) 중에서 옛 감사가 거두어들인 것은 다시 거두지 못하게 할 것
6. 각 읍의 탐관오리는 모두 파면시킬 것
7. 각 읍에서 관용으로 필요한 물자 밖의 가마련(加磨鍊)은 모두 혁파할 것
8. 각 읍의 각 종 창고에 필요한 물품은 시가에 따라 사들이게 할 것
9. 각 읍의 아전임채(衙典任債)는 모두 시행하지 못하게 할 것
10. 각 포구의 쌀 무역상은 모두 금지시킬 것
11. 윤선(輪船)상납 이후에 매 결당 가마련 쌀이 3, 4말에 이르니 곧바로 혁파할 것
12. 각 읍의 진부결(陳浮結)은 영원히 장부에서 뺄 것
13. 각 처의 임방명색(任房名色)은 모두 혁파할 것
14. 각 궁방의 윤회결(輪回結)은 모두 혁파할 것

오지영의 「동학사」에 실린 폐정 개혁안

1. 도인(道人)과 정부 사이에는 묵은 감정을 씻어버리고 서정(庶政)에 협력할 것
2. 탐관오리의 그 죄목을 조사하여 하나하나 엄징할 것
3. 횡포한 부호들을 엄징할 것
4. 불량한 유림과 양반들을 징벌할 것
5. 노비 문서는 태워버릴 것

6. 7반 천인의 대우를 개선하고 백정머리에 씌우는 평양립(平壤笠: 패랭이)을 벗게 할 것

7. 청춘과부의 재혼을 허락할 것

8. 무명 잡세는 모두 폐지할 것

9. 관리 채용은 지벌을 타파하고 인재 위주로 할 것

10. ○(倭-인용자)와 내통하는 자는 엄징할 것

11. 공사채를 막론하고 지난 것은 모두 무효로 할 것

12. 토지는 평균으로 분작(分作)케 할 것

전봉준 판결문

1895년 3월 29일 선고문

제37호

판결 선언서

전라도 태인 산외면 동곡 거(居)

농업 · 평민

피고 전봉준 년 41

우기자(右記者)의 전봉준에 대하여 형사 피고 사건을 심문하여 본 즉 피고는 동학당이라 칭하고 비도의 괴수로 접주라 부르고 개국 501년 정월에 전라도 고부군수 조병갑이가 처음 도임하여 자못 학정을 행함에 해지방인(該地方人) 등이 질고를 견디지 못하고 익년 11, 12월분에 군수를 향하여 그 가정을 고쳐달라 하고 애간(愛諫)하였더니 비단 소원을 이루지 못 할 뿐더러 도리어 다 잡히고 옥에 갇히고 그 후에도 수삼 차 청원하였건만 즉시 물리치고 호발(毫髮)도 효험이 없는 고로 인민 등은 매우 분하여 수십 명이 못 되어 장차 거사하려 할 때 피고도 마침 그 무리에 들어 드디어 중인에 밀려 접주로 삼아 작년 3월 상순에 영솔기도(領率其徒)하여 고부 외촌 창고를 헐고 전곡을 빼서 진수(盡數)히 인민을 배급하고 1, 2차에 작경(作梗)한 후 한번 해산하였으나 그 후 안핵사 이용태가 고부로 내려와서 먼저 작경한 것은 다 동학당의 소위라 하고 동학 수도하는 자를 잡아 살육을 과히 함으로 이에 피고는 다시 그 도를 규합하여 모집하되 만일 불응자는 불충 불의된 사람이니 반드시 벌을 주리라 하고 다른 사람을 협박하여 그 도 4천여 명을 얻어 가지고 각기 소유한 흉기를 가지고 양식은 그 지방 부민에게 징봉하여 시년(是年) 4월 상순분에 피고가 친히 그 도를 영솔하여 전라도 무장에서 일어나 고부, 태인, 원평, 금구, 등처를 갈 새 전라감영 포군 1만여 명이 동도를 치러 온단 말을 듣고 한번 고부로 몰려갔다가 하루 밤낮을 접전 후 영문 포군을 파하고 전진하여 정읍, 흥덕, 고창, 무장, 영광, 함평을 지나 장성에 이르러 경군 7백 여명을 만나 또 격파하고 주야 겸행으로 행진하여 4월 26, 7일께 관군보다 먼저 전주성을 들어가니 기시(其時) 전라감사는 이미 도망하여 간 곳을 모르거늘 그 익일에 다달아 초토사 홍재희가 군사를 데리고 성하에 박도(迫到)하여 성밖에서 거포를 놓고 공격하기로 피고가 그 도로 더불어 응전하여 자못 관군을 괴롭게 하니라.

이에 초토사가 격문을 지어 성중으로 던지고 피고 등의 소원을 들어줄 테니 속히 해산하라 효칙하였는데 피고 등이 곧

田運行所革罷事

國結不爲加事

斷步負商人等作弊之事

道內還錢舊飢爲捧去則不得再徵於民間事

大同米上納前各浦口潛商貿米禁斷事

洞布錢每戶春秋二兩式定錢事

貪官汚吏罷黜事

壅蔽上聰賣官賣爵賣國撮之人一幷逐出事

爲官長者不得人葬於該境內且不爲買畓事

田稅依前事

烟戶雜役減省事

浦口魚鹽稅革罷事

洑及官畓勿施事

各邑 卒下來民人山地勤標倫葬勿施事

27조목을 내어 가지고 상주하기로 청하였더니 초토사가 즉시 승락한 고로 피고는 동년 5월 초 5,6일께 쾌히 그 무리를 해산하여 각기 취업하게 하고 또 기시에 피고는 최경선 이하 20여 명을 데리고 전주로부터 금구, 태인, 장성, 담양, 순창, 옥과, 창평, 순천, 남원, 운봉 등 각처를 열력 유세하여 7월 하순 태인 제 집으로 귀거하니라.

기후 피고는 일본 군대가 대궐로 들어갔단 말 듣고 필시 일본인이 아국을 병합코저 하는 것인 줄 알고 일본병을 쳐 물리치고 그 거류민을 국외로 구축할 마음으로 다시 기병을 도모하여 전주 근처 삼례역이 토지 광활하고 전라도 요충지기로 동년 9월분에 태인을 발정(發程)하여 원평을 지나 삼례역에 이르러 그곳에서 기병하는 대도소로 삼고 진안에 사는 동학 접주 문계팔, 김영동, 이종태, 금구에 사는 접주 조준구, 전주에 사는 접주 최대봉, 송일두, 정읍에 사는 손세옥, 부안에 사는 김석원, 김세중, 최경선, 송희

옥 등과 동모하여 상년 3월 이후 피고와 동사(同事)한 비도거괴 손화중 이하 전주, 진안, 흥덕, 무장, 고창 등처 원근 각 지방 인민들에 혹 격문을 돌리며 혹 전인(專人)하여 유세하고 전라에서 군사를 모으기를 4천여 명이 됨에 처처관아에 들어가서 군기를 강탈하고 또 각지방 부민에게 전곡을 징봉하여 삼례역을 지나가면서 도당을 모집하고 은진, 논산을 지나 당수(黨數) 만여 명을 거느리고 동년 10월 26일쯤 충청도 공주에 다다랐더니 일본병이 먼저 공주성을 웅거하여 있기에 전후 2차 접전하여 보았지만 두 번 다 대패하였는지라 그러나 피고는 더 일본병을 치려 하였더니 일병이 공주에 있어 움직이지 않고 기면(其面)의 피고포중(被告包中)이 점점 도신하여 수습치 못하게 되었기로 부득이하여 한번 고향으로 돌아가 다시 모병하여 전라도에서 일병을 막으려 하더니 응모자가 없는 탓으로 동모(同謀) 3, 5인과 의논하고 각기 변복하여 가만히 경성으로 들어가 정탐코저 하여 피고는 상인(商人)처럼 하고 단신으로 상경 태인을 떠나 전라도 순창을 지날 때 민병한테 잡힌 것이니라.

우(右)에 기록한 사실은 피고와 및 그 동모자 손화중 최경선 등이 자복한 공초 압수한 증거 문적이 분명할지라.

그 소위는 대전회통 형전 중의 군복기마작변관문자부득시참(軍服騎馬作變官門者不得時斬)이라 하는 율을 조(照)한 것이니라. 우에 이유로써 피고 전봉준을 사형에 처하노라.

개국 504년 3월 29일
법무아문 권설재판소 선고

법무아문 대신 서광범
협판 이재정
참의 장 박
주사 김기조
오용묵

회심
경성 주재 일본 제국 영사 內田定槌

연보

1855년(1세)
고부군에서 아버지 전창혁과 언양 김씨 사이에서 태어나다.

1857~8년(3~4세)
고창현 덕정면 당촌마을로 이주하다.

1859년(5세)
서당에 다니며 유년기를 고창에서 보내다.

1866년(12세)
전주로 이사하다.

1867년(13세)
정읍시 감곡면 계룡리 관봉 마을(황새 마을)로 이사하다.
10대 후반에는 태인 산외면 동곡리 지금실 마을에서 보내다.

1874-77년(20-23세)
혼인을 하고 부인은 1877년에 병으로 죽다. 그후 김제 금산면 삼봉리 거야 마을에서 잠깐 살다.

1886년(32세)
전주 봉동, 태인 동구천, 고부 양교리 등을 거쳐 조소마을 등지에서 살다.

1888년 (34세)

손화중과 사귀다.

1890년 (36세)

동학에 입도하다(1891년?).

1892년 (38세)

고부 접주로 임명되다. 공주 집회와 삼례 집회에 가담하다. 삼례집회에서는 자원하여 전라감사에게 소장을 올리다.

1893년 (39세)

1월에 창의문을 지어 각 군에 돌리다. 복합 상소와 척왜양 운동을 벌이고, 김봉집이란 이름으로 삼남집회를 주도하다. 고부 군수 조병갑에게 등소하고 사발통문을 작성하다.

1894년 (40세)

1월 10일, 고부에서 봉기를 일으키다

3월 20일, 무장에서 제1차 기병을 해 창의문을 선포하다.

3월 25일, 전봉준 대장으로 추대되어 농민군 4대 행동 강령을 선포하다.

4월 7일, 황토재에서 감영군을 격파하고 정읍 관아를 점령하다.

4월 27일, 전봉준, 전주성을 점령하다.

5월 7일, 전주 화약을 맺다.

5월 10일, 농민군 집강소 통치를 실시하다.

9월 12일, 제2차 기병을 하다.

10월 16일, 충청도 감사에게 격문을 띄워 항일 전선 구축을 촉구하다.

11월 8일, 공주로 진격 후 우금치, 효포, 곰티, 곰나루 등지에서 대회전

11월 15일, 정부 · 일본 연합군과 노성, 논산 황화대에서 접전, 전주로 철수.

11월 25일, 전주에서 원평으로 남하하다 정부?일본 연합군과 접전.

11월 27일, 태인에서 접전 후 농민군 해산.

11월 29일, 수하 몇 명과 입암산성으로 피신.

12월 2일, 전봉준, 순창 피로리에서 체포.

1895년 (41세)

3월 29일, 사형 선고 후 교수형을 당함.

지은이 우윤(禹潤)

1955년 부산에서 태어나 서강대에서 물리학과를 나와 연세대 대
학원 정치학과에서 한국 근대 정치를, 서강대 대학원 정외과에서
근현대 정치사를 전공하고 박사과정을 수료했다. 〈역사 문제 연
구소〉 연구 위원으로, 또 〈우리 역사 연구실〉 대표로서 다양한 연
구 논문을 발표하는 한편 『동학 농민 전쟁 사료 총서』(사운연구
소, 1996)를 공동 편찬한 바 있다. 저서로는 『전봉준과 갑오 농
민 전쟁』(창작과비평사, 1993), 『우리 역사를 읽는 33가지 테마』
(푸른숲, 1997)가 있다. 지금은 〈전주 역사 박물관〉 관장으로서
'살아있는 박물관'을 지향하며 지역민과 하나가 되는 박물관을
만들어 가는 데 힘쓰고 있다.